Why do stars glitter?
- Most Common Difficult Questions from Children to Their Parents

There are so many curious things in the world, and children are incredibly curious about it. They are interested in everything, from the earth to the sky, and from the visible to the invisible. They are constantly asking questions about the world around them.

Having curiosity means the development of themselves and the world. The mysteries children try to figure out will be revealed one by one by their curiosity.

There was a survey given to 2000 parents of children aged 5~16, by professor Brian Cox in Manchester, England. According to the results, two-thirds of the parents answered that they have struggled with questions related to science. And one-third said they get those kinds of questions every day.

The parents also chose 5 questions asked by their children. Some of the most common ones were the following; Why is the Moon sometimes visible during the day? Why is the sky blue? Do aliens exist? How much does the Earth weigh? How do airplanes stay up in the sky?

Parents are annoyed with the barrage of questions. If children ask for the names of trees and birds that we can see easily, parents are lucky. But the questions that need more scientific explanations make parents feel awkward. Sometimes parents feel confused when their children ask them questions which they don't know how to answer.

When parents have to face such questions, they have a variety of different responses. 31 percent of the parents surveyed said that they searched for the answer themselves, 14 percent said that they would respond later and hoped that the child will forget about it, and the rest of them said that they just spoke ambiguously saying something like "nobody knows", or they shifted the question toward their spouse.

Sometimes parents think they know something well by themselves, but when they're asked to answer it in reality, they don't know how to answer exactly. And sometimes children know more about the science behind the phenomena than parents do.

This book chooses scientific questions that can be difficult for the parents to answer when children ask them. We can see answers through internet searches, but it's not easy to find the correct one among many similar versions.

Children can find answers about their curious questions of the Earth, Moon, Sun, universe and stars through this book.

Now, what kind of scientific questions do you want to ask?

Let's go find the answers! Why don't we all become scientific experts?

In the Text
- *Why is the sky and sea blue?*
- *What was the South Pole like in the past?*
- *Why do volcanoes erupt?*
- *What leads to droughts?*
- *How did the Earth form?*
- *When was the first life on Earth?*
- *Why is the Moon sometimes visible during the day?*
- *Why are stars so visible in the winter night?*

별은 왜 반짝일까?

부모가 꼽은 아이들이 묻는 과학 난제

풀과바람 지식나무 43
별은 왜 반짝일까? - 부모가 꼽은 아이들이 묻는 과학 난제
Why do stars glitter? - Most Common Difficult Questions from Children to Their Parents

개정판 1판 1쇄 | 2020년 1월 15일
개정판 1판 4쇄 | 2021년 5월 10일

글 | 이영란
그림 | 노기동

펴낸이 | 박현진
펴낸곳 | (주)풀과바람
주소 | 경기도 파주시 회동길 329(서패동, 파주출판도시)
전화 | (031) 955-9655~6
팩스 | (031) 955-9657
출판등록 | 2000년 4월 24일 제20-328호
홈페이지 | www.grassandwind.co.kr
이메일 | grassandwind@hanmail.net

편집 | 이영란
디자인 | 박기준
마케팅 | 이승민

ⓒ 글 이영란, 그림 노기동, 2020

이 책의 출판권은 (주)풀과바람에 있습니다.
저작권법에 의해 보호를 받는 저작물이므로 무단 전재와 복제를 금합니다.

값 12,000원
ISBN 978-89-8389-818-0 73440

※잘못 만들어진 책은 구입처에서 바꾸어 드립니다.

이 도서의 국립중앙도서관 출판예정도서목록(CIP)은 서지정보유통지원시스템 홈페이지(seoji.nl.go.kr)와
국가자료공동목록시스템(www.nl.go.kr/kolisnet)에서 이용하실 수 있습니다. (CIP제어번호 : CIP2019041656)

제품명 별은 왜 반짝일까?	제조자명 (주)풀과바람	제조국명 대한민국
전화번호 031)955-9655~6	주소 경기도 파주시 회동길 329	
제조년월 2021년 5월 10일	사용 연령 8세 이상	
KC마크는 이 제품이 공통안전기준에 적합하였음을 의미합니다.		

⚠ 주의
어린이가 책 모서리에
다치지 않게 주의하세요.

별은 왜 반짝일까?
부모가 꼽은 아이들이 묻는 과학 난제

이영란·글 | 노기동·그림

풀과바람

머리글

세상에는 궁금한 것이 참 많아요.

궁금한 것을 알아보려면 책을 보거나 인터넷을 검색하면 돼요. 그중에서도 가장 쉬운 것은 엄마나 아빠, 할머니, 할아버지, 선생님에게 여쭤 보면 되지요.

하지만 어른이라고 해서 세상의 모든 것을 다 아는 것은 아니에요. 어른들도 잘 알고 있는 것 같은데 막상 누군가에게 대답하려 하면 뭐라고 해야 할지 잘 모를 때가 있어요.

알고 있다고 느끼는 것과 제대로 아는 것은 조금 다르거든요.

이 책은 가장 가까이에서 여러분을 돌봐 주는 엄마 아빠에게 여쭤 봤을 때 "글쎄……"라는 대답이 들려올 만한 질문들이 담겨 있어요. 컴퓨터 자판을 두들겨 인터넷에서 찾아보면 아주 간단하지요. 하지만 알 듯 말 듯 비슷한 대답들 사이에서 "아하, 이런 거였구나!" 하고 여러분을 기분 좋게 해 줄 답을 찾아내기란 쉽지 않지요.

이 책에서는 여러분이 발로 딛고 있는 땅과 고개를 올려다보거나 주위를 둘러보면 눈에 보이는 것들부터 시작해서 점점 먼 우주로 나아가요. 지구와 우주의 모든 것이 궁금해질 때 이 책을 들여다보세요. 아쉽게도 지면의 한계 때문에 모든 질문과 답을 담을 수는 없었어요. 책이 너무 두꺼우면 여러분이 금방 지쳐 버릴지 모르니까요.

지금 막 여러분의 머릿속에 떠오른 지구와 우주에 관련된 질문은 무엇인가요?

이영란

차례

1장 지구에 대한 사람들의 궁금증 --- 6
2장 지구의 미묘한 움직임 --- 46
3장 지구 --- 76
4장 달 --- 92
5장 별 --- 100
6장 태양의 가족 --- 110
7장 우주 --- 126

과학 난제 상식 퀴즈 --- 140
과학 난제 관련 단어 풀이 --- 142

1장 지구에 대한 사람들의 궁금증

지구에는 얼마나 많은 사람이 살고 있을까요? 2019년 4월에 이미 77억 명을 넘었을 것으로 추정하고 있어요. 100년 전에는 20억 명이 채 되지 않았지요. 당시에는 지금보다 인구가 더 적었지만, 지구에 대한 관심만은 대단했어요.

1. 하늘과 바다는 왜 파랄까?

공기는 사람의 눈에는 전혀 보이지 않지요. 하지만 누가 그랬는지 몰라도 하늘은 파란색 물감으로 칠해놓은 듯해요.

빛은 마술사

비나 눈이 오려나 싶은 날씨가 아니라면 하늘은 언제나 파랗습니다. 태양의 빛이 우주를 거쳐 지구의 대기를 통과하는 도중에 공기에 섞여 있는 먼지를 비롯해서 산소, 질소, 수증기 등에 부딪쳤다가 다시 흩어지기 때문이에요. 이를 '빛의 산란'이라고 해요.

이때 인간의 눈에 보이는 빨주노초파남보의 일곱 가지 색 가운데 파랑과 보라가 더 잘 흩어지기(산란되기) 때문에 하늘이 파랗게 보이는 거예요. 보라는 우리 눈에 잘 보이지 않기 때문에 보라색 하늘은 나타나지 않아요.

노을이 붉은 이유

저녁노을도 빛의 산란 때문이에요. 해가 질 무렵에는 태양의 빛이 지구에 도달하는 거리가 멀어져요. 이때 산란이 심한 파란색은 일찌감치 흩어져 버리지요. 대신 산란이 심하지 않은 붉은빛만 도착해 붉은 물감을 들인 듯 하늘을 아름답게 수놓아요.

바다가 파란 까닭

잘 알다시피 물은 투명해요. 그런데 바닷물은 하늘처럼 파랗지요. 하늘의 공기와 마찬가지로 바닷물의 입자들이 빛을 산란시키기 때문이에요. 단, 물은 붉은빛을 흡수하므로 햇빛을 받으면 따뜻하게 데워진답니다.

2. 옛날 사람들은 지구가 어떤 모양이라고 여겼을까?

아주 오랜 옛날 우리나라 사람들은 하늘은 둥글고 땅은 네모나다고 봤어요. 후에는 하늘과 땅 모두 둥글고 북극 부분만 높은 삿갓처럼 생겼다고 여겼지요. 한 오누이가 하늘에 올라 해와 달이 되었다는 이야기도 전해 오고 있어요.

유럽의 우주관

고대 그리스 사람들은 지구가 둥글다고 여겼어요. 반쪽은 텅 비었고 나머지 반쪽에 사람들이 산다고 생각했지요. 아리스토텔레스는 우주는 둥근 모양이며, 그 중심에 영원한 지구가 있다고 믿었어요. 그리고 우주 전체는 신을 향해 움직인다고 생각했지요.

그리스의 피타고라스학파는 세상의 모든 현상을 '수'로 설명할 수 있다고 믿었어요. 그들은 우주가 '10'이라는 완전한 수를 기본으로 한다고 했어요. 지구, 태양, 달 말고도 수성, 금성, 화성, 목성, 토성, 별이 항상 제자리에 있는 천구, 반지구를 포함해 모두 10개의 천체가 있다고 했어요.

이집트 사람들에게 우주는 커다란 상자 모양이었어요. 우주의 바닥은 약간 오목하게 생겼고, 그 한가운데에 이집트가 있다고 보았지요. 그들은 편평한 하늘을 네 개의 기둥과 산이 떠받치고 있다고 했어요. 또 태양을 실은 큰 배가 강물을 타고 흐른다고 믿었답니다.

동양의 우주관

오늘날 중동 지역에 살았던 메소포타미아 사람들도 이집트 사람들과 마찬가지로 세상이 닫힌 상자처럼 생겼다고 믿었어요. 또 세상은 고대의 바닷속 괴물인 티아마트의 몸에서 태어났다고 했지요. 상자의 바닥은 땅인데, 그 한가운데는 눈으로 뒤덮인 산이 우뚝 솟아 있다고 했어요. 이 산에서 유프라테스강이 시작되어 땅을 둘러싸고 있다고 보았어요.

중국인들은 우주가 바람으로 만들어졌다고 했어요. 그리고 맨 처음 세상이 혼란 속에 있을 때 작은 바람들이 뭉쳐져 하늘이 됐다고 믿었지요. 반면에 무거운 바람들은 땅이 됐다고 여겼어요.

지구의 중심에는 금으로 뒤덮인 수미산이 있고, 그 꼭대기에는 창조의 신인 브라흐마의 땅인 삼각형 모양의 도시가 있다고 믿은 사람들은 4300년 전의 인도인들이에요. 그들은 지구와 행성 사이에는 아무것도 없는 텅 빈 곳뿐이라고 여겼지요. 또 둥근 천장 모양을 한 하늘에는 태양과 별이 있고 북극성 주변을 돈다고 했어요.

또 다른 우주관

마야 사람들은 일찌감치 숫자와 달력을 사용했고, 찬란한 문명을 꽃피웠어요. 그들은 태양신인 우나브가 세상을 만들었다고 생각했어요.

우나브는 하늘의 뱀이 입에서 뿜어낸 세 차례의 홍수가 지나간 뒤 세상을 세 번 바꾸었어요. 처음은 난쟁이들의 세계, 두 번째는 범죄자들의 세계, 세 번째는 마야족이 사는 세계이지요. 마야 사람들은 세 번째 세상도 언젠가는 홍수로 종말을 맞이할 것이라고 믿었대요.

어떤 사람들은 자신의 눈에 보이는 곳을 벗어나면 바닷물이 폭포수처럼 떨어지는 어마어마한 낭떠러지가 있을 거라고 여겼어요. 그래서 멀리 가고 싶다는 생각은 아예 할 수가 없었지요.

14세기 중세 시대 유럽 사람들은 마을에 아홉 개의 하늘이 있다고 믿었어요. 그 위에는 천사와 축복받은 영혼들이 사는 최고천이 있다고 했지요.

3. 옛날 사람들은 왜 신세계 탐험에 나섰을까?

초기의 지구 탐험가들도 지구가 둥글다고 생각하지 않았어요. 그래서 북반구 사람들은 지구의 남쪽이나 서쪽으로는 뜨거운 햇빛 때문에 끝까지 내려갈 수 없다고 여겼어요. 해가 서쪽으로 지기 때문에 서쪽 산마루로 빠져 버린 해가 활활 타오르고 있을 거라고 믿었기 때문이에요.

후추로 시작된 대항해

빵과 고기를 주식으로 먹던 유럽 사람들에게 한동안 음식 재료의 맛을 낼 수 있는 건 소금밖에 없었어요. 그러다가 기원전 400년경에 후추가 유럽에 전해졌어요. 매운맛과 독특한 향을 지닌 후추는 고기를 오래 보관할 수 있고, 음식의 맛을 더욱 좋게 해 주지요.

후추는 인도가 원산지로, 더운 나라에서 구할 수 있는 향신료예요. 당시에는 바닷길이 잘 알려지지 않았어요. 후추를 구하려면 육지를 통해 아랍 상인들이나 이탈리아 상인들을 거쳐야만 했지요. 이들은 얼마 되지도 않은 양의 후추를 구해다 주고는 많은 세금을 붙여 비싸게 팔았어요.

영국, 네덜란드, 스페인, 포르투갈 같은 나라들은 후추를 많이 그리고 싸게 구하기 위해 배를 타고 인도로 가기로 했어요. 또 이슬람과 많은 전쟁을 치러야 했던 포르투갈과 스페인은 자신들이 믿는 기독교를 널리 전파하고 싶어 했어요.

실제보다 작은 지구와 좁은 바다

당시에는 바다가 육지만큼 넓을 것이라고는 전혀 생각지 못했어요. 고작해야 지구의 7분의 1이 바다라고 여긴 것이죠. 넓은 육지보다 좁은 바다로 나가 항해하면 훨씬 빨리 인도에 도착하리라 생각했어요.

오래전 그리스의 학자인 포시도니우스는 지구의 크기를 실제보다 작은 2만 8800킬로미터라고 했어요. 실제 지구의 크기는 약 4만 킬로미터에 달하지만, 당시에도 그의 생각이 그대로 전해져서 바닷길이 훨씬 빠를 것이라고 본 거예요.

1455년 유럽 사람들은 거리가 가까운 아프리카 서해안부터 탐험에 나섰어요. 그리고

1488년 포르투갈의 바르톨로메우 디아스가 드디어 인도 땅을 밟았어요. 포르투갈은 1517년부터 당시 중국 땅이었던 마카오에 들어와 정식으로 무역을 하기 시작했고, 1543년에는 일본과도 물품을 사고팔기 시작했어요.

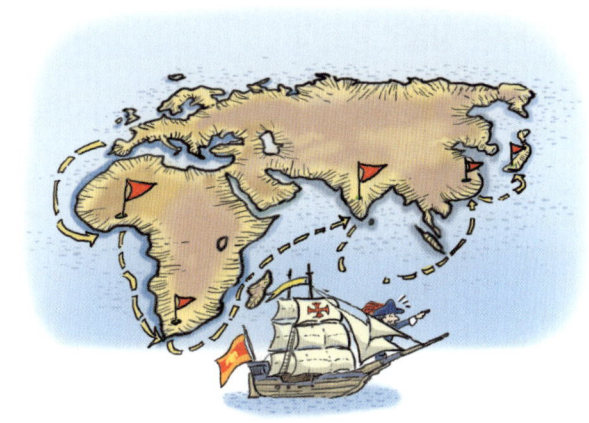

유럽 사람들에게만 신대륙

'신대륙'이란 유럽 사람들의 관점에서 불리기 시작한 것이에요. 1492년에 이탈리아의 탐험가인 콜럼버스가 스페인 왕실의 후원을 받아 '미지의 대륙'에 첫발을 내디뎠어요. 그곳은 아메리카 대륙으로 이미 1억 명에 가까운 원주민이 살고 있었어요. 하지만 유럽 사람들에겐 처음 본 낯선 땅이었지요.

지구는 정말로 둥글다

포르투갈의 귀족 출신으로 항해가이자 탐험가인 마젤란은 자신을 의심하는 포르투갈을 떠나 스페인에서 지내고 있었어요. 그리고 스페인 국왕에게 서쪽 바다로 탐험을 나서겠다고 했지요. 그는 이미 아프리카의 희망

봉을 거쳐 인도네시아 근처까지 탐험한 적이 있었는데, 이번에는 반대로 나아가기로 한 것이죠.

안타깝게도 마젤란은 탐험 도중에 필리핀 세부 왕의 부탁으로 적을 물리치다가 죽임을 당했어요. 그의 부하인 엘카노는 다시 배를 정비해 3년 만에 스페인으로 돌아왔어요.

이때 처음으로 지구가 둥글다는 사실을 확인했고, 아메리카 서쪽에 가장 큰 바다인 태평양이 있음을 알게 됐어요. 그리고 지구를 한 바퀴 돌아 출발한 곳으로 다시 돌아오면 날짜가 하루 늦어진다는 사실도 밝혀졌답니다.

4. 지구 대륙의 원래 모습은 어떠했을까?

1910년경 독일의 베게너라는 기상학자는 대서양을 사이에 둔 아프리카와 남아메리카가 원래 하나라고 생각했어요.

대륙 이동설

베게너는 지구에 인간이라는 존재가 나타나기 전인 2억 5000만 년 전쯤에 지구의 모습은 초대륙과 초해양으로 되어 있었을 것으로 여겼어요. 초대륙이란 지금의 오대륙이 하나로 뭉쳐 거대한 대륙을

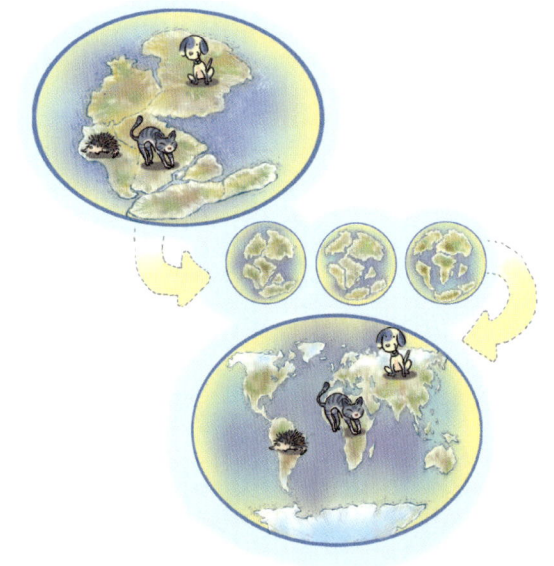

이루었다고 여겨 부른 이름이에요. 마찬가지로 초해양은 오늘날 여섯 개의 큰 바다가 하나로 이루어졌다고 해서 붙인 이름이지요.

로라시아와 곤드와나

베게너는 지구를 가로로 반으로 나누어 두 개의 초대륙이 있다고 했어요. 오늘날 지구의 북쪽에 있는 유럽, 북아메리카, 아시아, 그린란드 대륙이 하나로 뭉쳐져 있던 것을 '로라시아', 지구의 남쪽에 있는 남아메리카, 아프리카, 마다가스카르, 오스트레일리아, 아라비아, 인도 반도 및 남극 대륙이 하나로 되어 있던 것을 '곤드와나'라고 했어요.

판 구조론

우리가 땅이라고 하는 지구의 껍데기는 크고 작은 20여 개의 조각으로 나누어져 있어요. 이 조각들을 지각판 또는 판이라고 해요. 실제로 이 판들은 서로 밀고 당기는 힘으로 미세하게 조금씩 움직이며 여기저기 떠다니고 있어요. 세계 곳곳에서 일어나는 화산, 지진 활동만 살펴봐도 알 수 있어요.

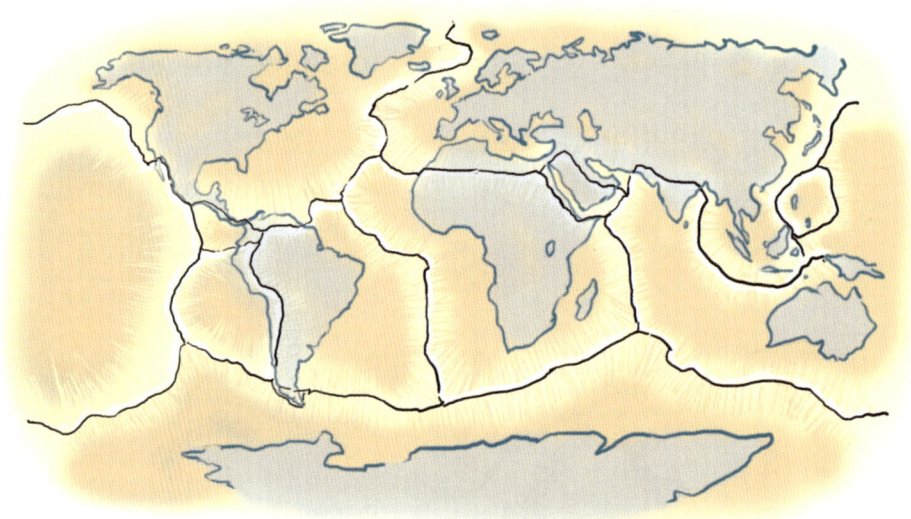

5. 남극은 과거에 어떤 땅이었을까?

사람들은 온통 얼음투성이에 무척 춥기 때문에 남극과 북극은 비슷하다고 생각해요. 하지만 북극은 바다가 꽁꽁 얼어붙어 육지처럼 보이는 것이고, 남극은 얼음이 덮인 진짜 대륙이에요.

남반구에도 대륙이 있다

아주 오래전, 지구를 가로로 반으로 나눴을 때 북반구에만 사람이 사는 줄 알았던 시대에는 북극은 있었지만 남극은 없었어요. 남반구에는 아무것도 없다고 여겼기 때문이지요.

17세기에 네덜란드가 신대륙 탐험에 나서 오스트레일리아를 발견한 뒤

부터 남반구에도 사람이 살고 있으며, 무언가 더 큰 것이 있을 것이라고 여겼어요.

누구도 가 본 적 없는 험한 바다

영국의 항해사 제임스 쿡은 미지의 땅을 탐험하고 금성을 관측하기 위해 바다로 나아갔어요. 그는 금성을 관측하고 '그때까지 누구도 가 본 적이 없는 험한 바다'를 발견했어요. 그리고 1년 뒤 다시 탐험을 준비하여 남극 대륙 동북쪽 바다에 도달했어요.

사람들이 본격적으로 남극 탐사를 나서기 전까지 남극은 하나도 춥지 않은 곳이며, 거대한 대륙일 거라고 여겨졌어요. 하지만 남극은 북극보다 더 추웠고, 땅은 전부 눈에 덮여 있었어요.

남극이 북극보다 추운 이유

북극은 북아메리카, 유럽, 아시아 대륙의 가장자리에 잇닿은 바다예요. 이곳 바닷물의 온도는 겨울 영하 4도, 여름 영상 10도로 유지되어 식물과 동물, 에스키모 들이 살 수 있답니다.

반대로 남극은 얼음덩어리에

덮인 육지예요. 지구상에서 가장 추운 곳이지요. 지금까지 관측된 자료 중 가장 추웠던 날은 1983년 7월 21일로, 영하 89.2도였대요.

판 구조론과 남극

과학자들은 남극에서 나무 화석과 2억 년 된 공룡 화석을 발견했어요. 남극도 대륙이므로 한때나마 생물이 살았을 것으로 추정하고 있어요. 이 화석들은 아프리카에서 발견된 것과 같은 것으로 밝혀졌어요. 그래서 아주 오랜 옛날 곤드와나 대륙의 일부였을 것이라고 해요.

하얀 사막

남극 대륙 중 지난 200만 년 동안 비가 오지 않은 곳이 있어요. 그곳을 '드라이 밸리'라고 해요. 사하라 사막보다 훨씬 더 건조하지요. 그래서 남극을 '하얀 사막'이라고 해요.

움직이는 남극

아문센-스콧 기지에서는 매년 1월 1일이 되면 GPS를 이용해 남극의 정확한 위치를 알려 줘요. 오랜 조사 결과 남극은 매년 10센티미터씩 움직이고 있어요. 1911년 아문센이 남긴 표지판이 아직까지 남아 있다면, 현재 지점에서 약 1000미터 떨어진 10미터 아래쯤 눈 속에 파묻혀 있을 것이라고 해요.

북극과 남극의 주인은 누구?

북극은 북극해와 러시아, 아이슬란드, 핀란드, 노르웨이, 스웨덴, 캐나다, 미국, 덴마크의 영토로 되어 있어요. 최근에는 석유나 천연자원 등으로 가치가 높아져서 이들 국가 간에 경쟁이 치열해지고 있어요.

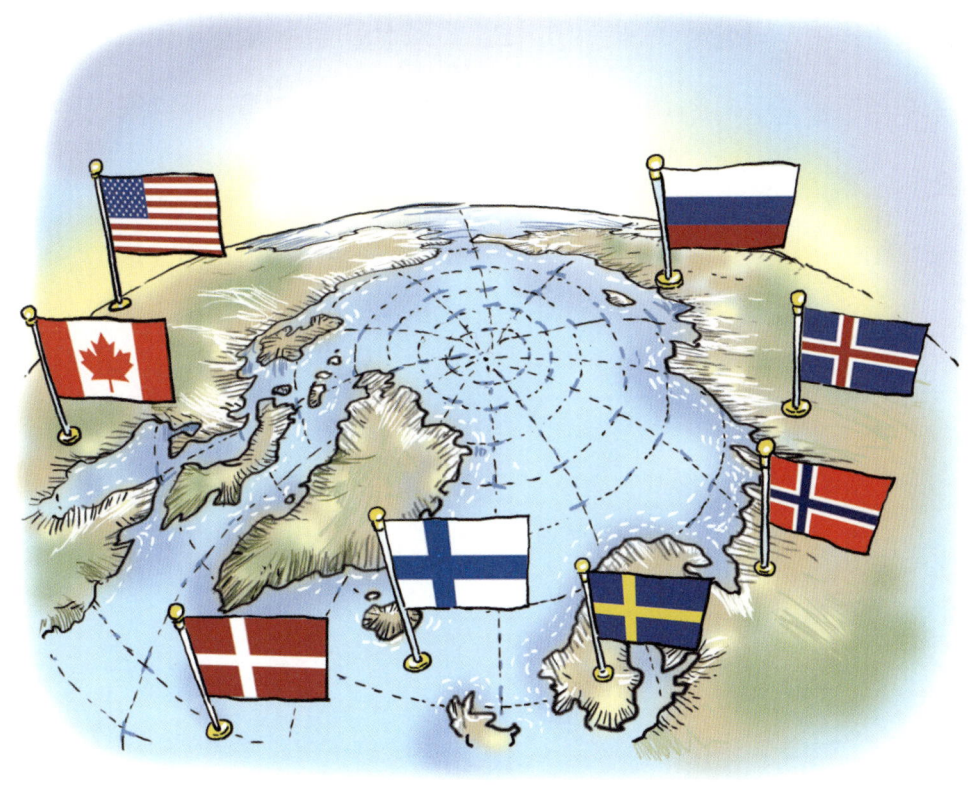

예전에는 오스트레일리아~프랑스가 남극을 서로 자기네 땅이라고 우겼어요. 20세기 들어 미국과 옛 소련은 이들 나라의 주장을 인정하지 않고 평화적으로 이 문제를 해결하기 위해 남극 조약을 만들었어요.

남극 원주민

남극 조약 덕분에 남극은 전 지구인이 함께할 수 있는 마지막 땅이 되었어요. 하지만 칠레는 남극을 자기네 땅이라면서 1년에 한 차례 대통령과 장관들이 남극에서 회의를 열어요. 또 출산을 앞둔 임산부를 보내 남극 원주민을 만들기도 해요. 남극에 유일하게 초등학교를 세우기도 했어요.

6. 사라진 대륙은 정말로 바닷속에 있을까?

그리스의 철학자 플라톤에 따르면, 지중해와 대서양 사이에 아틀란티스라는 대륙이 있었는데 지진으로 바닷속에 가라앉았대요.

전설의 대륙 아틀란티스

아틀란티스는 소아시아와 북아프리카를 합친 것보다 더 큰 대륙이었대요. 모든 것이 풍요로웠고 사람들은 만족하며 행복하게 살았어요. 하지만 신의 노여움을 산 탓에 바닷속으로 가라앉고 말았어요.

하지만 아틀란티스는 신화에서나 등장할 뿐 실제로 있었다고 믿는 사람들은 많지 않아요. 플라톤도 전해 들었을 뿐이에요.

플라톤은 아틀란티스가 그가 살았던 시대보다 무려 9000년 전에 사라

졌다고 했어요. 아틀란티스 사람들이 그리스와 아테네를 정복하려 했다고 했지요. 하지만 아틀란티스가 있던 시대에 아테네는 아무도 살지 않는 초원이었답니다.

플라톤의 말을 그대로 받아들이는 일부 사람들은 실제로 대륙이 바닷

속으로 사라져 버리는 일이 가끔 있었다고 해요. 오늘날의 대서양은 옛날에 육지였다고도 하지요. 이 말이 사실이라 해도 아프리카와 유럽 그리고 아메리카가 서로 하나의 땅덩어리였던 건 약 2억 5000년 전의 일로 인간이 지구에 등장하기 전이었어요.

아직도 아틀란티스의 신비를 찾아내기 위해 '진짜' 위치를 찾으려는 사람들이 있어요. 그들은 영국의 브리

튼섬으로부터 그린란드, 카르타고, 테라섬, 남극 대륙 등이 아틀란티스 대륙이라고 주장하고 있어요.

무 대륙의 비밀

1864년, 프랑스의 한 신부는 도서관에서 스페인 신부가 쓴 책을 발견했어요. 그 책에는 고대 마야 사람들이 쓴 그림 문서가 있었어요. 놀랍게도 그 문서에는 화산 폭발로 바닷속으로 사라진 무 대륙에 관한 이야기가 적혀 있었어요. 인도에서도 무 대륙에 대한 사실이 적힌 옛 점토판이 발견됐어요.

무 대륙은 아주 먼 옛날 태평양을 절반이나 차지하던 엄청 큰 대륙이었

대요. 이곳에는 10개의 종족이 살았고, 인구는 6400만 명이나 됐지요. 지배 계층은 하얀 피부에 검은 눈과 검은 머리를 가졌어요. 돌로 신궁과 궁궐을 지었으며, 거대한 비석을 세웠어요. 또한 학문과 과학이 발달한 7개의 도시도 있었대요.

하지만 무 대륙은 무 제국이 건설된 지 6만 5000년 만에 바닷물이 넘쳐 땅을 덮고, 화산이 폭발해 영원히 사라지고 말았어요. 대신 작은 섬들만 남았지요.

거룩한 영감의 책

인도의 오래된 힌두교 사원에서 발견된 점토판은 무 제국에서 보낸 것이라고 해요. 무 대륙의 건국에 대한 이야기가 상세하게 기록되어 있다고 하지요. 이것을 찾아내 암호 같은 비문을 해독해 세상에 선을 보인 것은 제임스 처치워드라는 영국인이에요.

그가 무 대륙에 대한 진실을 책으로 선보이자 많은 고고학자와 지질학자가 터무니없다며 그를 비난했지요. 하지만 인도나 미얀마, 이집트의 상형 문자나 이스터, 망가이, 마리아나 제도 등 남태평양의 섬들에 남아 있는 온갖 유적들, 멕시코에서 발견되는 몇몇 비문에서 무 대륙의 흔적을 발견할 수 있어요.

이러한 흔적만으로 세상 사람들이 무 대륙이 진짜 있었다고 믿는 것은 아니에요. 아직은 믿거나 말거나예요. 수천 미터나 되는 바닷속을 샅샅이 뒤져 무 대륙의 유물을 건져 올릴 수 있을 만큼 과학이 발달한다면 모를까.

7. 지구에서 가장 높은 산은?

히말라야가 높을까요? 우리나라의 백두산이 더 높을까요?

에베레스트산

　세상에서 가장 높은 산은 히말라야산맥의 에베레스트산으로 알려져 있어요. 이는 바다의 표면으로부터 잰 것으로 해발 8848미터예요. 히말라야산맥은 아주 오랜 옛날 남극 가까이에 있던 인도 대륙이 빠른 속도로 북쪽을 향해 올라가다가 유라시아 대륙과 충돌하여 생겼어요.

침보라소산과 마우나로아산

지구의 중심점을 기준으로 잰다면 에콰도르의 침보라소산이 가장 높아요. 에베레스트보다 무려 2500미터나 더 높지요. 또 바다의 바닥을 기준으로 재면 9000미터가 넘는 하와이의 마우나로아산이 가장 높아요. 이처럼 기준점을 어느 곳으로 잡느냐에 따라 높이가 달라져요.

세계의 지붕

알라이산맥, 트랜스 알라이산맥, 사리콜산맥, 카슈가르산맥으로 이루어진 파미르고원은 '세계의 지붕'으로 불려요. 7000미터가 넘는 산들이 늘어선 곳으로, 7000만 년 전에 형성됐지요. 고원은 해발 고도 600미터가 넘는 곳에 있는 넓은 벌판을 말해요.

백두산과 한라산

우리나라에서는 한반도 전체로 볼 때는 백두산이 가장 높아요. 남한에서는 한라산이 제일 높지요. '한국의 지붕'은 개마고원이에요.

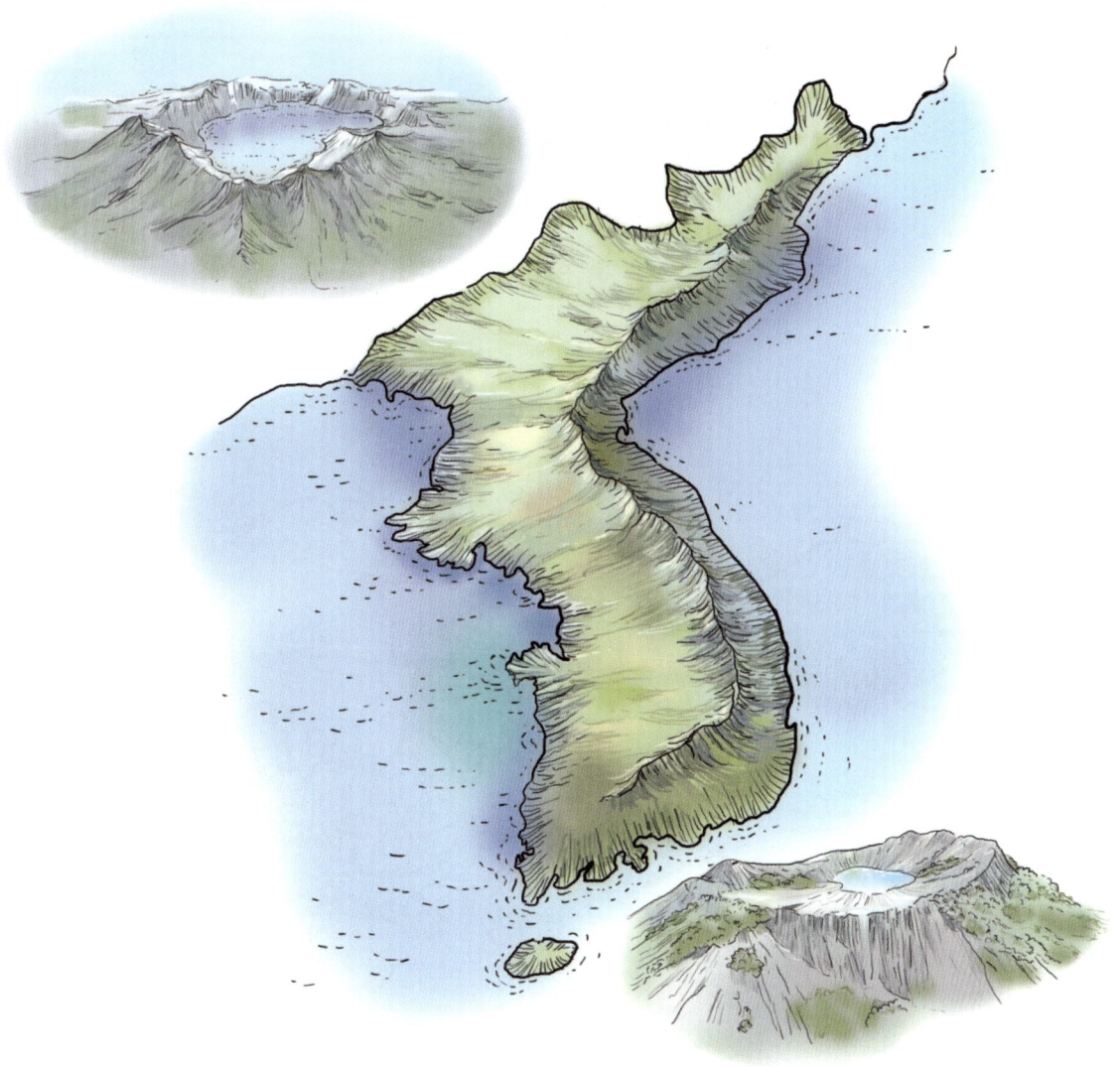

2장 지구의 미묘한 움직임

우리가 밟고 있는 땅은 단단해서 꿈쩍도 안 할 것 같습니다. 하지만 어디선가는 시뻘건 용암이 솟아오르고, 어디선가는 땅이 흔들리거나 쩍 하고 갈라지지요. 산에서는 커다란 바위와 돌멩이들이 쏟아져 내립니다. 잔잔한 바닷속도 조용하지만은 않아요. 갑작스레 어마어마한 파도가 일어 마치 육지를 삼킬 듯이 달려들지요.

1. 땅은 왜 흔들리는 걸까?

지렁이도 밟으면 꿈틀한다는데, 지구가 꿈틀하니 사람들이 다쳐요.

지진이란

지진은 땅이 흔들리고 지구의 바깥쪽을 차지하는 부분이 여러 조각으로 쪼개지면서 움직이는 현상이에요. 지금 이 순간에도 지진이 일어나는 곳이 있을 거예요. 하지만 사람들이 지진이 날 때마다 모두 느끼는 건 아니에요.

지진의 세기를 뜻하는 진도가 낮으면 눈치채지 못하는 경우가 많아요. 지진의 진도는 1부터 10까지 숫자로 표시해요.

지진이 일어나는 이유

지진은 화산이 분출할 때 땅이 흔들려서 시작될 수 있어요. 우주에서 온 운석이 지구에 떨어져 큰 충돌을 일으켜서 일어날 수도 있지요. 대부분 땅속 깊은 곳에 있는 암석이 여러 개로 쪼개지면서 일어나요.

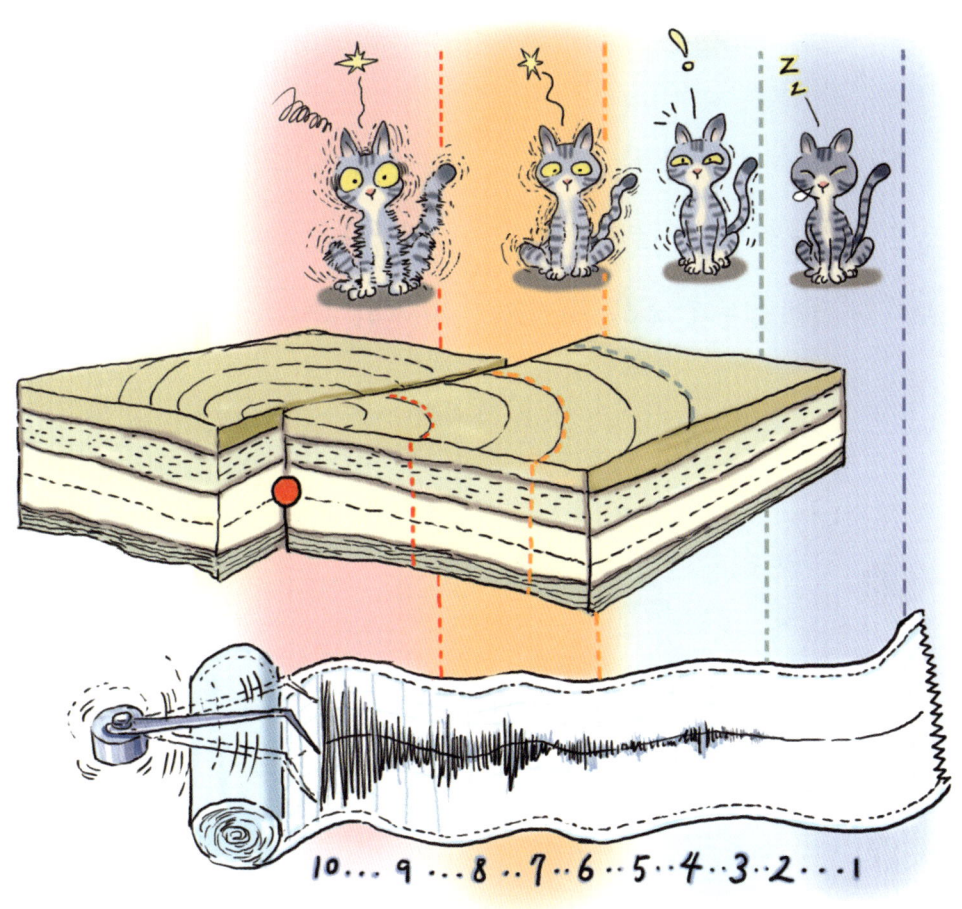

지진과 원자 폭탄

지진이 일어날 때 생기는 에너지의 양을 원자 폭탄과 비교할 수 있어요. 진도 5의 경우 일본 히로시마에 투하된 원자 폭탄 한 개와 맞먹어요. 그보다 한 단계 높은 진도 6은 원자 폭탄 열 개와 같아요.

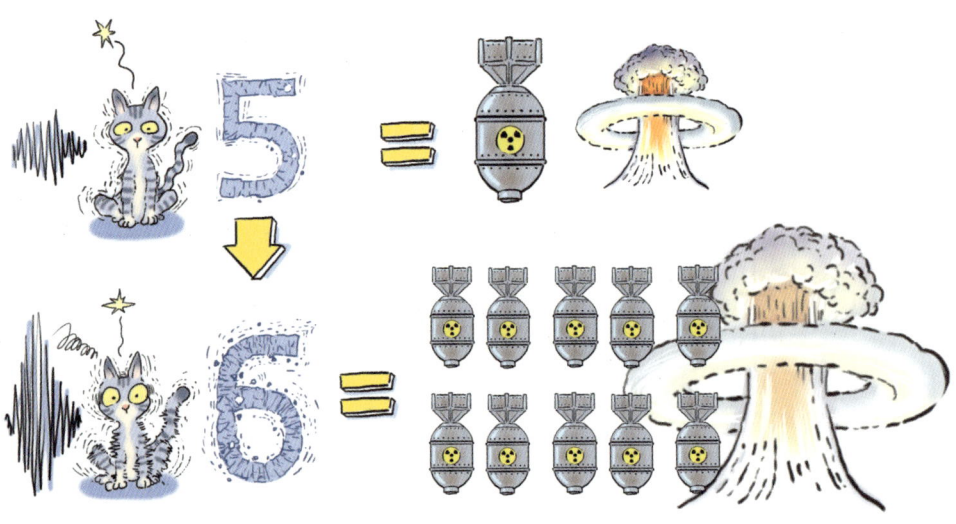

판 구조론과 지진

지구의 표면은 여러 개의 판으로 이루어졌다는 판 구조론도 지진에 영향을 줘요. 20여 개의 지구의 판은 각기 서로 맞물려 있다가 어느 한쪽이 다른 한쪽 밑으로 들어가기도 해요. 그러면 있던 땅이 사라지기도 하고, 없던 땅이 생겨나기도 해요. 새로운 산이 생기기도 해요.

서로 다른 판들이 부딪치면서 파동을 일으켜요. 이 파동이 지구 내부와 표면으로 전달되면서 지진을 일으켜요.

바닷속 지진

바다 깊숙이 들어가 보면 물만 있는 게 아니라 바닥에 다다르죠. 바다 밑바닥에서 지진이 일어나면 거센 파도가 육지로 밀려들면서 많은 피해를 일으켜요. 이러한 현상을 '쓰나미'라고 해요.

쓰나미는 일본에서 유래한 말에요. '쓰'는 일본어로 배들이 안전하게 닻을 내릴 수 있는 장소를, '나미'는 파도를 뜻해요.

쓰나미의 전조 현상

쓰나미가 일어나기 전에는 바닷물에 거품이 많이 생긴다고 해요. 또 갑작스럽게 동물들이 사라진대요. 이는 동물이 미리 지진을 감지하고 높은 곳으로 피한 것으로 알려져 있어요. 쓰나미가 일어나면 파도가 엄청난 힘으로 밀려들기 위해 물기둥을 만드는데, 이때 바닷물이 빠른 속도로 멀리 밀려 나가요.

이런 전조 현상만으로 확실하게 쓰나미가 일어난다고 단정할 수는 없어요. 다만 발달한 과학 기술로 쓰나미 때문에 일어난 거대한 파도가 언제 해안에 도착할지 예상할 수 있어요. 바닷가에서 쓰나미 경보가 울리면 30분에서 1시간 반 정도 대비할 시간이 있어요.

쓰나미의 피해

쓰나미는 바닷속에서 위로 높이 솟은 물기둥이 이동하면서 일어나요. 육지에 가까워질수록 점점 커져서 최대 30미터 높이로 솟아올라요. 아파트 15층 정도 되는 높이지요. 보통 파도의 높이가 3미터만 돼도 배가 잘 뜨지 않는 걸 보면 엄청난 피해가 예상된답니다.

최고의 쓰나미

2004년 12월, 인도네시아 부근 바다 밑에서 엄청난 지진이 일어났어요. 이때 일어난 쓰나미는 인도양에 있는 11개 국가에 피해를 주었지요. 인도네시아가 최종적으로 발표한 바에 따르면, 20만여 명이 넘는 사람이 죽거나 다쳤어요. 이 밖에 50만~100만여 명이 집을 잃는 피해를 입었다고 해요.

쓰나미로부터 가장 안전한 장소는?

쓰나미는 육지에 다다르면 파괴적인 힘으로 모든 것을 휩쓸어 버려요. 반면, 바다 깊은 곳에서는 파도가 크게 일지 않기 때문에 배를 타고 바다로 나가는 게 안전해요. 적어도 해안으로부터 100미터 정도 떨어진 곳에 있어야 해요.

2. 화산은 왜 폭발하는가?

부글부글 시뻘건 용암을 뱉어 내는 화산을 보면 마치 지구가 화를 내는 것 같아요.

화산

지구의 표면은 대부분 수억 년 동안 화산 폭발과 화산 활동으로 일어난 결과라는 걸 아나요? 모든 화산은 지구 깊숙한 곳에서 마그마가 지구 표면으로 올라와 용암이나 액체 상태로 분화구를 통해 빠져나온다는 공통점이 있어요.

화산은 땅 위에도, 바닷속에도

있을 수 있어요. 오늘날 지구에는 언제든 용암을 내뿜을 수 있는 활화산이 500개 이상 있어요. 지난 1만 년 동안에는 약 8000번의 폭발이 있었답니다.

마그마

마그마는 우리 주변에서 찾아볼 수 있는 암석보다 가볍고 온도가 더 높아요. 지각의 약한 틈을 뚫고 지구 표면으로 올라오려고 하지요. 가스와 함께 분출된 마그마는 점점 단단하게 굳어요.

칼데라

화산이 폭발하면서 마그마가 엄청나게 쏟아져 나오고, 그 결과 화산 꼭대기는 움푹 파여요. '칼데라'라고 해요. 이곳에 물이 고이면 백두산의 천지와 한라산의 백록담 같은 호수가 돼요.

활화산, 휴화산, 사화산

활화산은 지금도 화산 활동을 하는 화산을 말해요. 휴화산은 옛날에는 화산 활동을 했지만 지금은 멈춘 화산이에요. 그러나 언제고 다시 분화를 할 수 있지요. 사화산은 화산 활동이 완전히 끝난 화산을 뜻해요.

요즘은 활화산, 휴화산, 사화산으로 분류하기보다 사화산과 활화산으로 구분해요.

화산의 이용

화산이 활동을 시작하면 매우 위험해요. 하지만 화산 주변에는 많은 사람이 모여 살아요. 화산 주변의 땅이 매우 비옥해서 농사가 잘되기 때문이에요. 화산이 폭발하면서 생긴 유용한 원료와 구하기 힘든 광물도 얻을 수 있지요. 화산 지대에는 마그마가 지하수를 데워 온천이 나오지요. 또 땅속열을 이용해 난방을 하기도 하고, 전기를 생산하기도 해요.

3. 홍수는 왜 일어나는 것일까?

여름은 덥기도 하지만 비가 많이 오기도 하지요. 지치지도 않는지 몇 날 며칠 쉬지도 않고 오기도 해요. 그러면 홍수가 나서 많은 피해를 입었다는 소식이 들려와요.

홍수란

홍수는 비가 많이 와서 강이나 개울의 물이 갑자기 불어나면서 특정한 곳이 물에 잠기는 것을 말해요. 세계 곳곳에서 홍수가 일어나는데, 특히 아시아 지역에서 자주 일어나지요. 해마다 2만 명 정도가 홍수로 목숨을 잃는대요.

홍수의 원인

홍수가 일어나는 가장 큰 이유는 비가 많이 내려서 물의 양이 불어나기 때문이에요. 봄이 되면 산에 쌓인 눈이 녹거나 극지방의 빙하가 녹아서 생기기도 하지요. 최근에는 지구 온난화로 비가 더 많이, 자주 오기 때문에 홍수가 빈번하게 일어나요. 또 숲이 줄어 빗물을 저장하지 못해 마을로 물이 넘치기도 해요.

홍수는 피해만 주나?

오랜 옛날에는 강 주변의 땅을 기름지게 해서 식물이 잘 자랄 수 있는 땅으로 바꿔 놓았어요. 홍수가 일어나 강 밑바닥에 고여 있던 유기물을 땅으로 옮겨 놓기 때문이죠. 그러면 사람들이 하나둘 모여 마을을 이루며 살았어요.

그러나 갈수록 한꺼번에 수많은 사람의 목숨을 앗아 가는 일이 늘고 있어요. 집중 호우와 게릴라성 호우가 심해져서 홍수 피해가 늘고 있기 때문이에요. 집중 호우란, 짧은 시간 특정 지역에 많은 비가 내리는 현상이에요. 게릴라성 호우란, 순식간에 한 곳 또는 여러 곳에 비가 많이 내리는 것을 말해요.

숲이 홍수를 예방하는 이유는?

비가 오면 대부분 땅이 빗물을 흡수해요. 그런데 숲이 사라지면 땅을 단단히 지탱해 주는 나무의 뿌리도 사라져서 땅이 빗물에 깎여 나가요. 그만큼 물을 저장할 수 있는 땅의 능력이 줄어드는 셈이에요. 그리고 식물도 빗물을 흡수하기 때문에 숲이 사라지면 홍수를 막기가 더 어려워져요.

4. 가뭄과 사막화

물이 너무 많아도 걱정이지만, 물이 너무 부족해도 큰일이에요. 가뭄이 들면 땅이 쩍쩍 갈라져서 아무것도 자랄 수 없게 되지요. 당연히 마실 물도 부족해져요.

가뭄이란

가뭄은 오랫동안 비가 내리지 않아 메마른 날씨에 일어나는 자연재해예요. 홍수나 지진과 달리 슬그머니 나타났다가 사라지지만 최악의 재해로 손꼽히지요.

가뭄이 일어나면 농작물이 자라지 못해 사람과 동물이 굶어 죽을 수 있어요. 심한 경우 수년간 지속되기도 해요. 1980년대에 아프리카에 닥친 가뭄은 200만 명이나 되는 사람들을 굶주림과 전염병 속으로 몰아넣어 죽음에 이르게 했답니다.

가뭄이 일어나는 원인

가장 큰 원인은 끔찍하게 건조한 날씨지만, 물을 너무 펑펑 써 대는 우리 인간에게도 잘못이 있지요. 전 세계적으로 인구가 늘면서 식량이 많이 필요해졌어요. 농사를 짓는 데 필요한 물을 마구 퍼다 써서 강, 호수, 습지의 물이 말라 버렸어요. 개발을 한답시고 숲을 망가뜨려서 점점 사막화되는 곳도 늘고 있어요.

가뭄이 자주 일어나는 지역

가뭄이 제일 심한 곳은 어디일까요? 보통은 매우 더운 곳인 아프리카를 떠올립니다. 그동안 가뭄이 일어난 통계를 살펴보면, 인도를 비롯해 중국, 러시아 등지에서 300만~1000만 명의 사람들이 피해를 입었어요.

가뭄을 이겨내려면

무조건 물을 아껴 써야 해요. 간혹 비가 오면 빗물을 받아 두는 노력도 아끼지 말아야 하지요. 또 가뭄이 들면 공기가 매우 건조해지므로 산불이 일어나지 않도록 조심해야 해요.

사막화

사막화는 꽃과 나무가 말라 죽고 쓸모없는 건조한 땅이 나타나는 현상이에요. 사막화 현상이 일어나면 전 지구에 황사를 일으키고, 기후 변화를 불러와요. 곡식을 심을 땅이 줄어들어 식량도 부족해져요.

수십 년이나 수백 년 뒤 사막이 된 땅을 피해 살아남으려면 추운 시베리아에서 살아야 할지도 몰라요. 그러므로 사막화를 막으려면 숲을 파괴하는 일을 멈추고 나무를 많이 심어야 해요.

5. 빙하가 녹으면 안 되는 이유는 무엇인가?

빙하는 거대한 얼음덩어리예요. 아주 크고 무거워서 꼼짝도 안 할 것 같지만 매우 느리게 조금씩 움직이고 있대요.

빙하란

빙하는 바닷물이 얼어서 된 것이 아니에요. 증발된 바닷물이 눈이 되어 내린 뒤 오랜 시간 서로 뭉쳐지고 다져져 얼음이 됐다가 빙하가 되는 거예요.

빙하가 녹으면 안 되는 이유

빙하는 전 세계적으로 우리가 마실 수 있는 물의 75퍼센트를 차지해요. 빙하가 녹아 바닷속으로 사라지면 우리가 마실 수 있는 물이 그만큼 줄어드는 것이죠. 또 빙하는 지구의 온도를 조절해 줘요. 만일 빙하가 없었다면 지금쯤 지구는 전부 메마른 아프리카 땅 같을 거예요.

빙하가 녹으면 정말로 땅이 물에 잠길까?

빙하가 녹으면 바다의 수위가 높아진다고 해요. 그러면 섬이나 일부 대륙이 물에 잠기게 될 것이라고들 하지요. 하지만 빙하는 녹아 없어지기만 하는 건 아니에요. 다시 만들어지기도 하지요. 다만 지구 온난화로 빙하가 빠른 속도로 녹아내리기 때문에 걱정하는 거랍니다.

빙하와 고래

고래들은 먹이가 풍부한 빙하의 가장자리를 좋아해요. 그런데 고래들이 빙하 주변으로 회유하는 횟수가 줄고 있어요. 그만큼 빙하가 많이 녹아 없어졌다는 것을 알 수 있어요.

6. 태풍의 이름은 어떻게 해서 붙이게 됐는가?

여름만 되면 비바람을 몰고 오는 태풍은 이름이 참 많아요. 아메리카에서는 허리케인, 인도양에서는 사이클론, 멕시코에서는 코르도나소, 필리핀에서는 바기오, 오스트레일리아에서는 윌리윌리라고 해요.

태풍이란

태풍은 아시아에서 일어나는 열대 폭풍이에요. 늦여름 바닷물이 태양열로 적당히 데워져 수온이 오르면 공기에 습기가 가득 차게 돼요. 이때 엄청난 에너지

가 생기면서 탑처럼 높은 구름이 생기고 강한 열기가 솟아 나오지요. 이 공기 덩어리가 위로 회전하면서 속도가 빠른 폭풍이 일어나요.

태풍의 눈

태풍에는 '폭풍의 눈'이라는 게 있어요. 태풍을 돌게 하는 축이 자리 잡고 있지요. 이곳은 바람 한 점 없고 매우 고요해요.

태풍은 육지에 도착하거나 공기가 차가운 바다에 이르면 곧 위력을 잃고 잠잠해져요. 하지만 태풍이 지나가는 곳은 폭우와 해일 때문에 모든 게 황폐화돼요.

태풍의 이로움

태풍은 큰 피해를 일으키기도 하지만 물이 부족하지 않게 비를 내려 주지요. 또 지구상의 남쪽과 북쪽의 에너지를 서로 뒤섞어 온도를 유지시켜 줘요. 바닷물도 뒤섞어 바다 생물에게 해를 끼칠 수 있는 적조 현상을 없애 줘요.

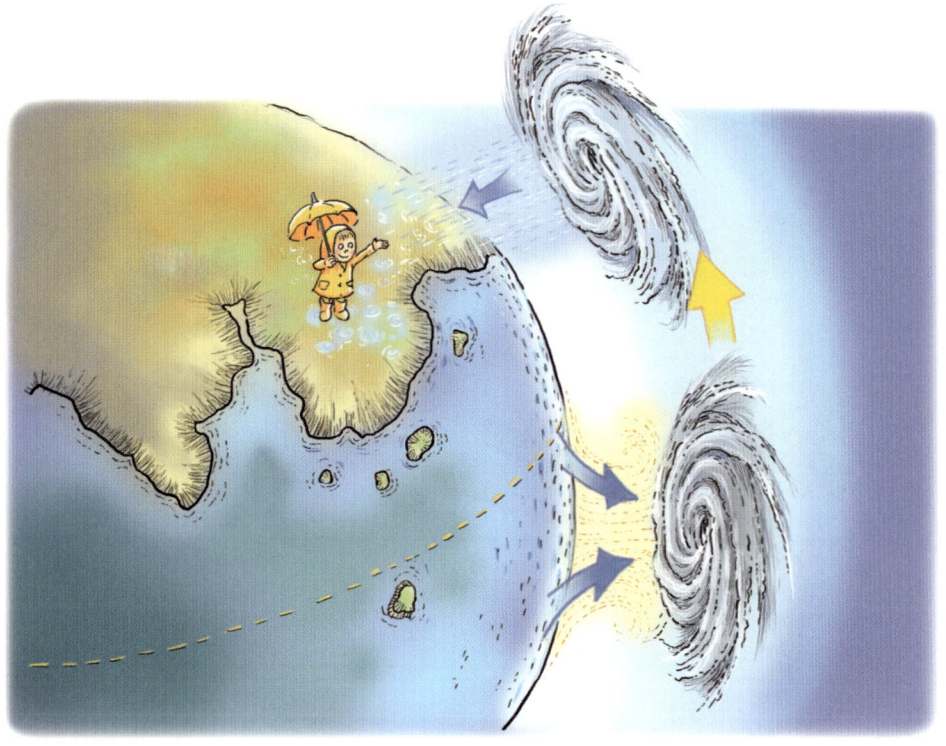

태풍의 이름

태풍에 처음으로 이름을 붙인 것은 호주의 날씨 예보관들이에요. 그들은 자신이 싫어하는 정치가의 이름을 붙였다고 해요. 제2차 세계 대전 이

후에는 미국의 공군과 해군에서 공식적으로 이름을 붙였는데, 아내나 애인의 이름을 붙였대요. 이러한 전통에 따라 1978년까지 여자 이름을 붙이다가 그 뒤 남자와 여자 이름을 번갈아 붙였어요. 지금은 태풍의 영향을 받는 나라들에서 10개씩 내놓은 이름 140개를 번갈아 붙이고 있어요.

7. 오존층이 파괴되면 안 되는 이유는 무엇인가?

우리가 숨을 쉬는 데 필요한 산소는 산소 원자 두 개, 태양의 자외선을 차단하는 오존은 산소 원자가 세 개로 되어 있어요.

오존이란

오존은 태양에서 오는 자외선을 차단하는 중요한 기체예요. 반면에 독성이 강해서 공기 중에 조금만 섞여도 인체에 해로워요.

오존은 공기가 있는 대기권보다 더 높은 성층권에 분포되어 있어요. 성층권은 온도나 기압의 변화가 없고 바람과 구름도 거의 없어서 비행기가 안전하게 다니는 길이기도 해요.

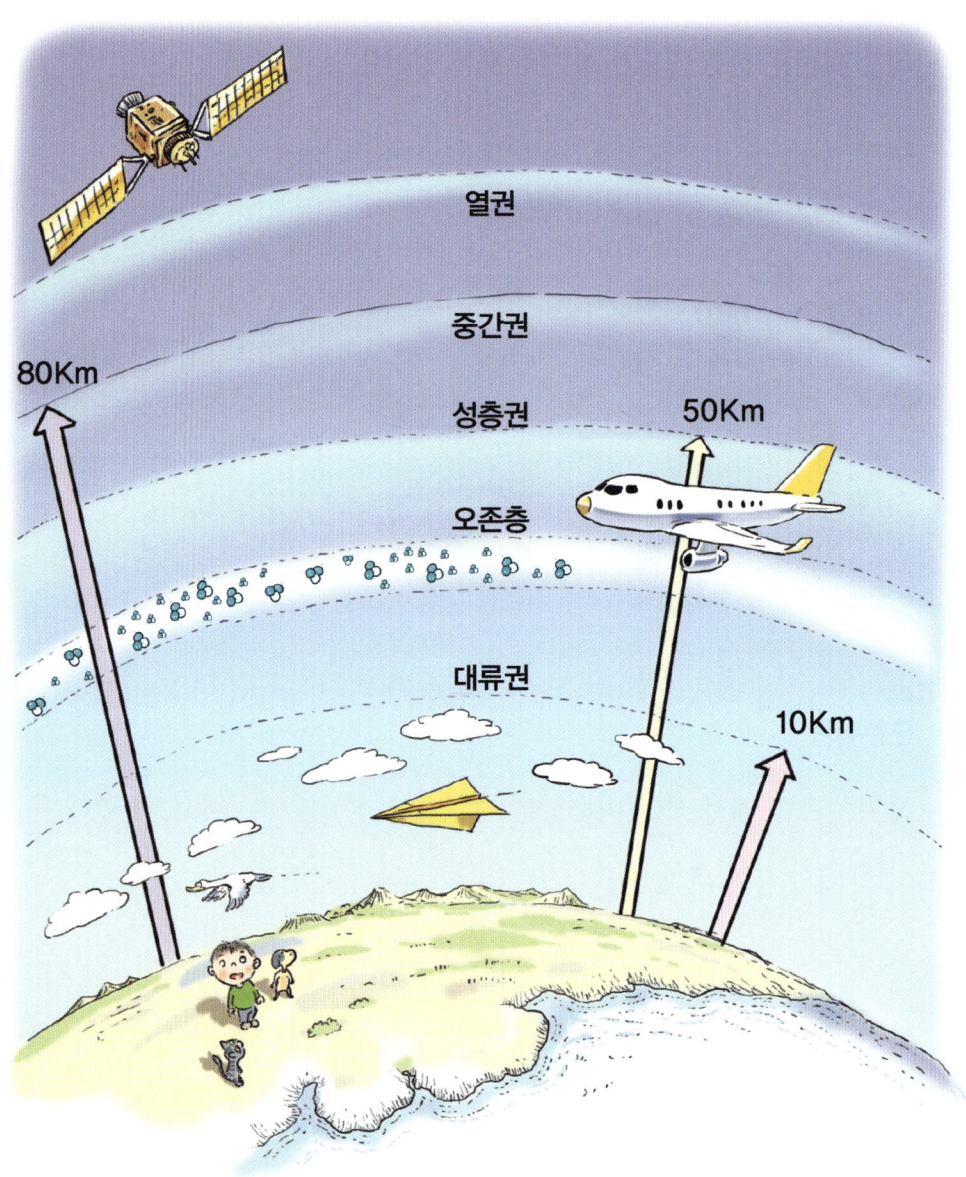

오존이 사라지면?

오존이 사라지면 자외선이 지표까지 도달해 생물이 살 수 없게 돼요. 오존층이 막아야 할 자외선은 사람들에게 피부암, 백내장, 면역 결핍증 같은 질병을 일으켜요.

오존층이 사라지는 이유

오존 홀은 1982년에 처음 확인됐어요. 오존층에서 오존 농도가 주위보다 매우 낮은 영역을 말해요. 마치 오존층에 구멍이 난 것처럼 보여요. 당시만 해도 큰 문제가 되지 않았어요. 하지만 주로 냉장고나 에어컨이 차가운 공기를 내뿜는 데 사용하는 프레온 가스를 많이 사용해서 오존층에 구멍이 났지요. 세계적으로 사용을 금지하고 있지만, 일부 국가에서는 경제적인 이유로 계속 프레온 가스를 사용하고 있어 여전히 문제가 되고 있어요.

3장 지구

아주 오래전에 우주에서는 어떤 별 하나가 급격하게 폭발했어요. 그러고는 엄청나게 밝아졌다가 사라졌지요. 이때 사방으로 흩어진 물질들이 중력에 의해 서서히 모이기 시작했어요. 먼지 같은 입자에서 미행성체로 그리고 큰 천체가 됐지요.

1. 지구는 어떻게 탄생했을까?

지구의 탄생은 태양 주위에 있던 가스 구름을 가득 채운 작은 알갱이들로부터 시작해요.

지구의 탄생

이 우주의 알갱이들이 서로 당기고 부딪치면서 자꾸만 커졌어요. 또 아주 빠른 속도로 부딪치면서 매우 뜨거워졌어요. 이 과정에서 금속같이 무거운 것은 안쪽에, 암석과 같이 가벼운 물질은 바깥쪽에 자리하면서 둥근 지구가 탄생했어요.

우주 알갱이의 신비한 힘

보통 무언가가 서로 부딪치면 입자가 작아지지요. 우주 알갱이들은 서로 붙어 큰 행성이 됐어요. 침대 밑에서 오래된 먼지들이 엉겨 붙는 것처럼 알갱이들이 각자의 중력으로 끌어당겨서 점점 커진 거예요.

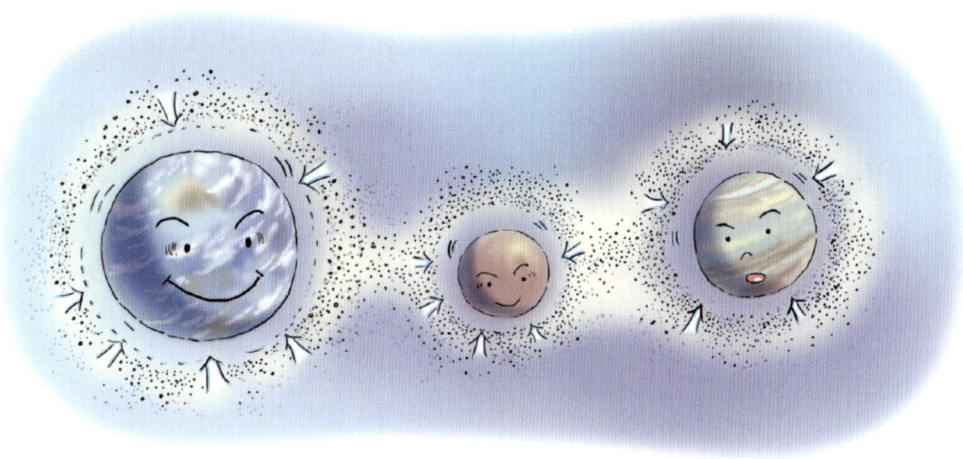

흙은 어떻게 만들어졌을까?

암석(돌)은 햇빛, 공기, 물, 미생물의 작용으로 흙이 돼요. 이렇게 흙이 되면 나무와 풀이 자랄 수 있어요. 암석이 부서져서 흙이 되는 곳은 태양계에서 지구뿐이랍니다.

2. 지구는 몇 살일까?

현재 알려진 지구의 나이는 46억 살이에요. 하지만 옛날 사람들은 훨씬 젊다고 여겼어요.

왜 지구의 나이를 알아야 할까?

과거 지구의 표면을 연구하는 지질학자들은 암석과 흙이 어디에, 어떻게 분포하는지 알아내면 인간에게 이로운 보석, 광물, 연료를 쉽게 찾아낼 수 있다고 믿었어요. 이를 위해서는 암석의 연대를 추정할 수 있어야 했어요.

특히 18세기에 산업 혁명이 시작되자 연료가 몹시 필요해졌어요. 석탄이나 석유가 묻힌 곳을 찾아내려면 어느 시기에 형성됐는지 알아야 했지요. 다시 말해 우주의 알갱이들이 언제 지구의 일부가 됐는지 알아내면 경제에 도움이 됐어요.

신에게 많은 것을 의존해서 살았던 시대에는 신이 지구를 비롯해 모든 것을 만들었다고 여겼어요. 그래서 신학자들은 신의 위대한 업적을 조사하는 것을 매우 중요하게 여겼어요.

옛사람들이 생각한 지구 나이

힌두교를 믿은 사람들은 지구의 나이가 20억 년이 조금 안 됐다고 했어요. 히브리와 기독교에서는 1만 년도 안 된다고 했지요.

17세기에 한 대주교는 세상은 기원전 4004년 10월 23일 오전 9시에 창조됐다고 확신하기도 했어요.

지구의 나이 측정

최초로 지구의 나이를 과학적으로 측정한 사람은 프랑스의 콩트 드 뷔퐁이에요. 그는 지구가 처음에 매우 뜨거웠기 때문에 쇠를 달궈서 식는 속도를 관찰해 보면 알 수 있다고 했어요. 그가 측정한 지구의 나이는 7만 5000년이에요.

46억 년이라는 나이는 태양계의 모든 행성이 비슷한 시기에 탄생했다는 점에서 비롯돼요. 1970년대에 달에서 가져온 암석의 나이가 46억 년이기 때문에 지구의 나이도 비슷할 것이라고 본 거예요.

3. 생물은 언제부터 살게 됐을까?

지구에 생명체가 등장한 것은 지구의 나이에 비하면 얼마 되지 않아요.

원시 지구와 생명체

19세기 후반만 해도 사람들은 지구에 처음 나타난 생명체가 파리나 모기처럼 더러운 곳에서 저절로 생기는 것으로 알고 있었어요. 하지만 지구가 갓 태어났을 때는 너무 뜨거워서 불가능했지요.

35억 년 전쯤에도 지구는 너무 뜨겁거나 차가웠어요. 그래도 생물체들은 지구에서 살아 보려고 아등바등했어요. 실제로 그 증거가 발견됐고, 그 후손들은 지금도 살아남아 그 흔적을 우리에게 보여 주고 있지요.

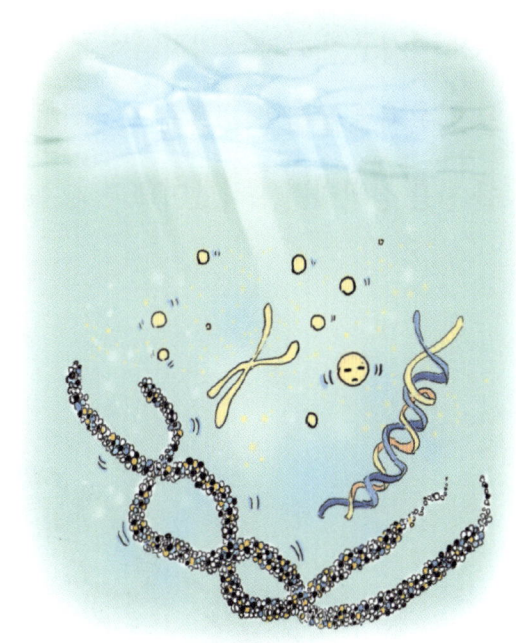

생물체가 처음 지구에서 터를 잡은 곳은 바다예요. 바닷속 여러 가지 원소가 특별히 반응하고 변화를 거쳐 생명체가 탄생했지요. 자외선이 강하고 산소도 부족해서 식물도 동물도 아닌 모습으로 살면서 식구들을 늘려 나갔어요.

이렇게 해서 살아남은 생

명체는 지구 환경이 좋아지면서 점점 복잡한 생물로 진화했어요. 어떤 것들은 육지로 올라와 새롭게 적응해서 점차 식물과 동물로 구분되어 지구를 차츰 장악하기 시작했어요.

1억 6300만 년간 살았던 공룡은 왜 갑자기 사라진 걸까?

공룡은 쥐라기와 백악기에 다양한 모습으로 지구에 살았던 거대한 파충류예요. 지금까지 발견된 화석에 따르면 400여 종이 살았대요.

우리 인간보다 더 오랫동안 지구에서 살아온 공룡이 갑자기 사라진 이유에 대해 다섯 가지 설이 있어요.

독성이 있는 식물이 번성해 이것을 먹고 멸종했다.

포유류가 나타나 공룡의 알을 모조리 먹어 치워서 멸종했다.

100만 년에 한 번씩 나타나는 거대한 우주 구름이 태양계를 통과할 때 지구의 기온이 급격하게 낮아져서 멸종했다.

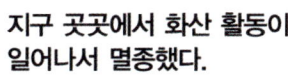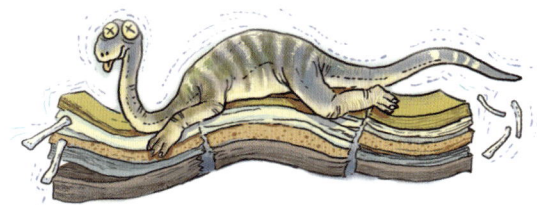

지구 곳곳에서 화산 활동이 일어나서 멸종했다.

소행성이 지구와 충돌해서 숲이 모두 타 버렸고, 그 결과 산소가 부족해졌으며, 일산화탄소가 늘어나 독가스가 지구를 가득 채웠다. 이로써 먼지, 파편, 검댕, 수증기 등이 공중으로 날아가 대기를 감싸 태양 빛이 지구에 닿지 않아 지구가 영하 30도 아래로 내려가 공룡을 비롯한 모든 동식물이 거의 멸종했다.

4. 아주 오래전 일을 어떻게 알아내는 걸까?

우리가 바위니, 돌이니 하는 것들을 암석이라고 해요. 암석은 자연에서 만들어진 단단한 물질인 광물로 되어 있지요. 암석은 지구의 역사를 담고 있어요.

암석 연대 비교

암석은 원래 평평하게 층을 이루고, 강이었거나 지형적으로 변화가 일어난 게 아니라면 옆으로 이어져 있었어요. 또 층을 이룬 암석의 순서에 따라 가장 오래된 층이 맨 아래에 있어요. 이로써 서로 다른 암석들을 비교해 보면 어느 것이 오래되고 최근의 것인지 알 수 있어요.

화석 연구

화석은 아주 오랜 옛날에 살았던 생물이 죽어 썩어 없어지지 않고 다른 것들과

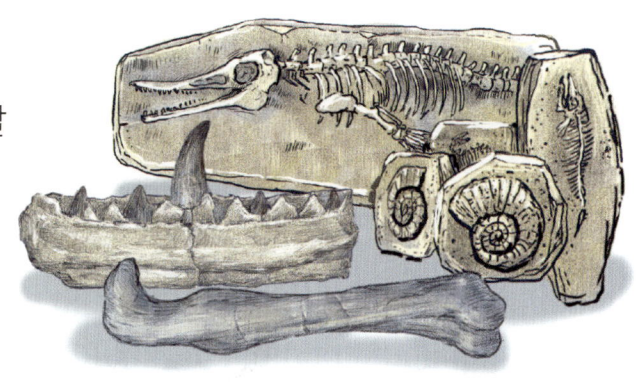

함께 묻혀 고스란히 보존된 것이에요.

화석은 고생물이 살던 때의 환경을 알게 해 주고, 오늘날과 비교해 당시의 바다와 육지가 어떤 상태였는지 알려 줘요. 또 거리가 먼 지역이더라도 같은 종류의 화석이 발견되면 같은 시대에 만들어졌음을 알 수 있어요.

방사능 탄소 연대 측정법

생물이 죽으면 이산화탄소의 결합이 끊겨요. 그러면 사체 속에 탄소 14

가 일정한 반감기로 계속 줄어들지요. 반감기는 물질 고유의 성질이 없어지는 척도로, 이때 남아 있는 탄소 14의 양으로 그 생물이 살았던 연대를 알 수 있어요.

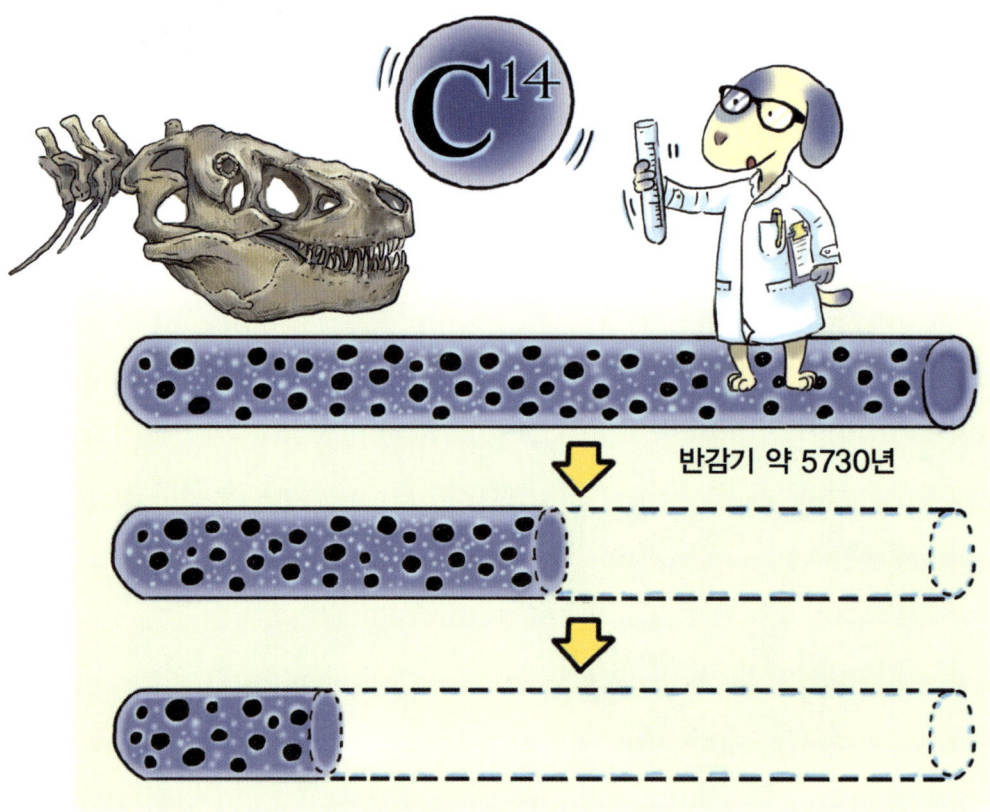

반감기 약 5730년

자기장

화석을 보기 힘들거나 방사성 물질을 찾아보기 힘든 경우에는 자기장을 이용해요. 지구의 핵은 대부분 액체인 철로 되어 있어요. 그래서 지구의 내부는 N극과 S극으로 된 거대한 자석 같아요.

특히 화산 폭발로 땅속에서 뿜어낸 용암이 굳으면서 생긴 암석은 자기장을 띤답니다. 지구의 자기장은 수십만 년마다 완전히 뒤바뀌는데, 이를 토대로 암석의 나이를 측정할 수 있어요.

4장 달

달은 지구의 하나뿐인 위성이에요. 우리 인류가 우주로 날아가 처음으로 발을 내디딘 천체이기도 하지요. 45억 년 전쯤 지구가 화성만 한 행성체와 충돌했다고 해요. 그때 지구에서 떨어져 나간 물질이 토성의 고리같이 지구의 테두리가 됐다가 점차 뭉쳐져서 달이 됐다지요. 당시에는 달이 지구 가까이에서 돌았을 것이라고 해요. 오늘날, 달은 점점 지구에서 멀어지고 있어요.

낮에도 달이 보이는 이유는 무엇일까?

환한 낮인데도 달이 떠 있는 것을 본 적이 있나요?

해는 스스로 빛을 내지만, 달은 스스로 빛을 낼 수 없어요. 달이 우리 눈에 보이는 것은 햇빛을 반사시키기 때문이에요. 사실 달은 항상 떠 있어요. 우리가 보기에 밤에는 뜨고 낮에는 지는 것처럼 보일 뿐이죠. 낮에는 햇빛이 강하고 달의 크기가 작아 눈에 띄지 않는 거예요.

달에 있다는 바다에는 왜 물이 없을까?

달을 처음으로 자세히 관찰한 사람은 갈릴레이예요. 그는 자신이 직접 만든 망원경으로 달 표면이 매끈하지 않다는 것을 발견했어요.

특히 검고 편평하게 보이는 곳이 있었는데, 그곳을 '바다'라고 했어요. 직접 달을 볼 수 없었던 당시에는 그곳에 물이 가득 차 있어서 어둡게 보일 것이라고 믿었대요.

달의 바다

반면에 바다를 제외한 지역으로 밝게 보이는 곳을 '대륙'이라고 해요. 이곳에는 칼슘과 알루미늄이 많아서 다른 곳보다 유독 밝게 보인대요.

달의 화산은 왜 폭발하지 않을까?

달이 탄생했을 때는 지구와 마찬가지로 무척 뜨거워서 용암으로 뒤덮여 있었을 것으로 추정하고 있어요. 30억 년 전에 용암이 완전히 식었다고 해요.

하지만 달의 내부에는 많은 양의 마그마가 녹아 있어요. 지구와 달리 마그마가 빽빽하게 들어차 있어서 땅 위로 나오지 못하는 거예요. 단, 주변보다 마그마가 가벼워지는 날이 온다면 언제든 폭발할 수 있답니다.

 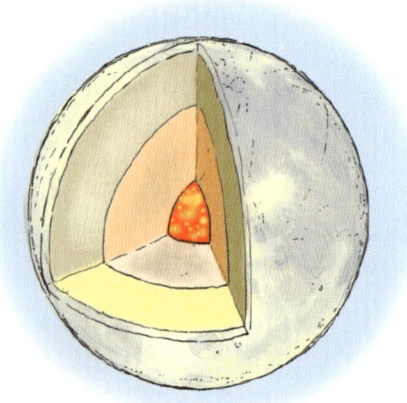

달에서는 왜 소리가 안 들리는 걸까?

소리는 진동으로 전달돼요. 진동을 전달하는 것은 공기나 물 같은 물질이지요. 달에는 공기가 있기는 하지만 그 양이 아주 적어요. 물은 전혀 없지요. 그래서 소리가 잘 들리지 않는 거예요.

 같은 이유로 땅을 깎아 내거나 이리저리 옮기지 못해 달의 표면은 거의 변화가 없어요. 그래서 1969년 미국의 아폴로 11호가 착륙하고 처음으로 남긴 발자국이 아직도 남아 있지요. 아마 수십만 년이 지나도 그대로일 거예요.

달빛에도 얼굴이 탈까?

더운 여름이 아니어도 우리는 거의 1년 내내 살갗을 태웁니다. 하얀 눈에 반사된 빛으로도 타기 때문이지요. 하지만 달빛에는 살갗을 태우기가 어려워요.

달은 빛을 내지 않을뿐더러 달에 있는 암석이 햇빛을 많이 흡수하기 때문에 반사되는 양도 매우 적답니다.

어떻게 해서 달은 지구의 바닷물을 밀고 당길 수 있는 것일까?

바닷물은 하루에 두 번씩 육지 쪽으로 밀려왔다가 멀리 밀려 나가요. 이것을 '조석' 또는 '조수'라고 해요. 또 밀물이 가장 꽉 차게 들어올 때를 '만조', 썰물이 최대한으로 빠져나갔을 때를 '간조'라고 해요.

이렇게 엄청난 양의 물을 달이 밀고 당긴다는 것을 알고 있나요? 달과 태양이 지구와 나란히 서면, 달이 가까운 곳에서는 끌어당기는 힘이 커져서 만조가 돼요. 반대쪽에서는 지구가 태양 둘레를 돌 때 생기는 원심력으로 만조가 되지요.

반면에 태양과 지구와 달이 직각을 이룰 때는 바닷물이 줄어들어 간조가 돼요.

달에서는 누구나 힘센 장사가 된다고?

달에 가면 엄청 가벼워지고, 힘이 세지며, 구름 위를 걷듯이 돌아다닐 수 있어요. 그 이유는 달의 중력이 지구의 6분의 1밖에 되지 않기 때문이에요.

지구에서 30킬로그램인 학생이 달에 가면, 몸은 그대로인데 체중은 5킬로그램밖에 안 된답니다. 몸무게가 5킬로그램인 친구를 들어 올리는 건 아주 어려운 일은 아닐 거예요.

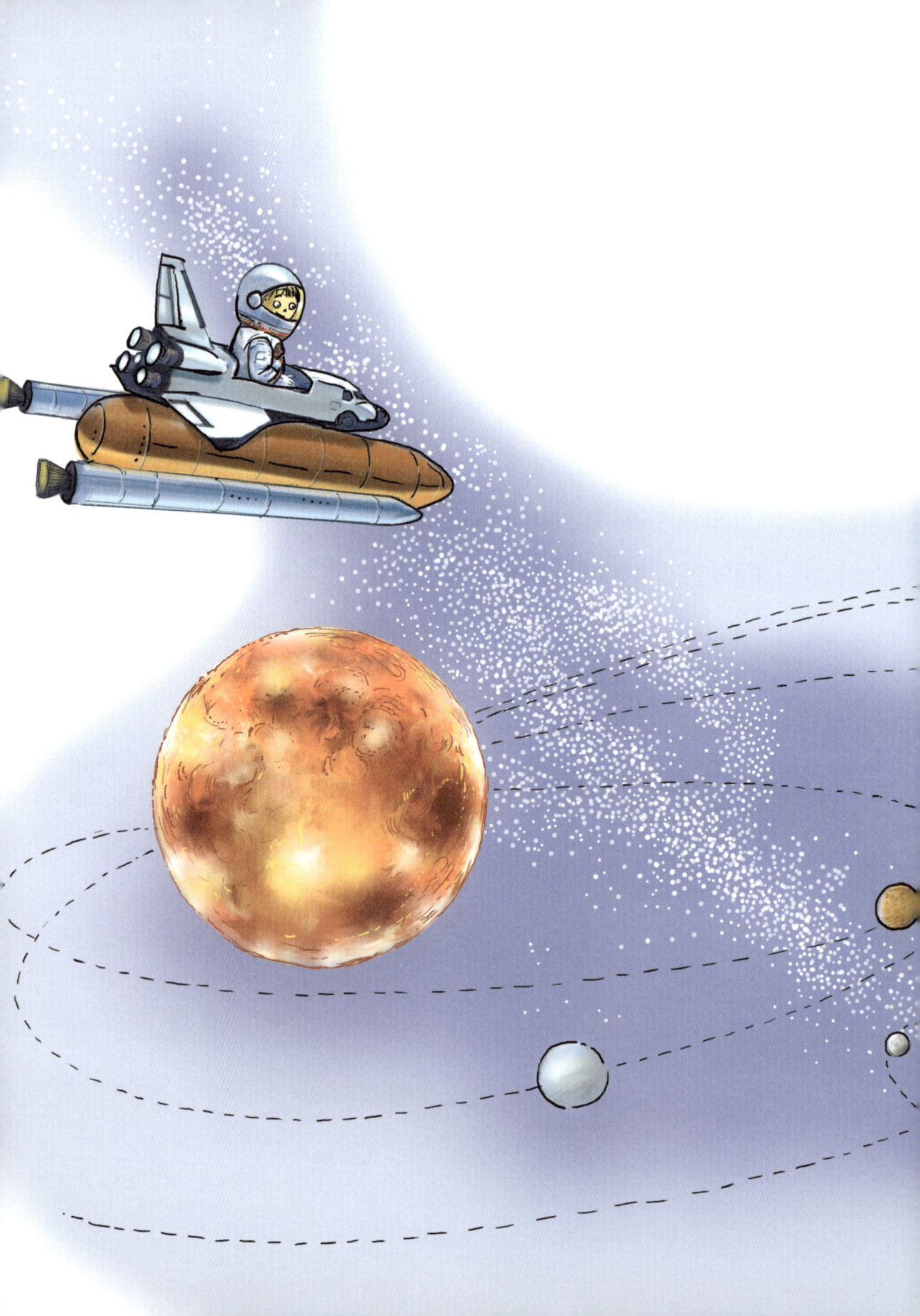

5장 별

별은 태양처럼 스스로 빛을 내며 우주에 존재하는 물체예요. 별은 지구나 수성, 화성 같은 행성과 달리 태양 주위를 돌지 않고 항상 제자리에 있다고 해서 '항성'이라고도 하지요. 또한 별은 우리가 그림으로 그리듯 사방이 뾰족하지도 않아요. 실제로는 행성하고 비슷하게 생겼어요.

별은 왜 반짝일까?

'반짝반짝 작은 별, 아름답게 비추네.'

우주에서 별빛은 지구에서 보는 것과 똑같을까요?

지구에는 대기권이라 하여 우리가 숨을 쉬는 데 중요한 공기가 있어요. 우주에서 지구로 온 별빛은 대기의 움직임으로 흔들리기 때문에 반짝이는 것처럼 보여요. 우주에서 별을 보면 반짝임을 볼 수 없을 거예요.

별이 반짝이는 이유를 알아보는 실험

1. 유리잔 밑바닥보다 조금 크게 오려 낸 검은 도화지에 연필심 크기의 작은 구멍을 다섯 개 정도 뚫어 유리잔 밑바닥에 붙인다.
2. 유리잔에 물을 반 이상 채운다.
3. 손전등을 유리잔 아래쪽에 비추면서 젓가락으로 유리잔의 물을 휘젓는다. 그때 유리잔 위에서 불빛이 어떻게 보이는지 관찰한다.

별의 밝기

고대 천문학자인 히파르코스는 지금으로부터 2100년 전쯤에 별의 밝기를 측정했어요. 그리고 밝기에 따라 6등급으로 나타냈지요. 가장 밝은 별을 1등급, 가장 어두운 별을 6등급으로 정했어요.

또 19세기에 영국의 천문학자인 허셜이 가장 어두운 별과 가장 밝은 별의 밝기가 100배 정도 차이가 난다는 것을 알아냈어요.

히파르코스의 방법은 일부만 바꿔서 오늘날에도 쓰여요. 한 등급의 차

이는 2.5배로, 우리가 눈으로 볼 수 있는 별은 6등급이에요. 태양은 -26등급, 보름달은 -12.5등급이라고 하니 대충 머릿속으로 계산해 봐도 엄청 밝다는 것을 알 수 있어요.

절대 등급

이것은 우리 눈에 보이는 밝기를 나타낸 '겉보기 등급'일 뿐, 별의 실제 밝기가 아니에요. 아주 밝은 별도 먼 곳에 있으면 흐려 보이기 때문이지요. 천문학자들은 정확하게 별의 밝기를 알아내기 위해 '절대 등급'이라는 것을 만들었어요. 모든 별을 32.6광년이라는 같은 거리에 있다고 보고 밝기를 매긴 거예요. 태양의 절대 등급은 4.8등급이에요. 반면, 겉보기 등급이 2등급인 북극성은 절대 등급이 -3.6등급이에요. 실제로는 북극성이 태양보다 2000배 더 밝은 별이에요.

별의 색깔은 여러 개?

하늘에서 반짝거리는 별빛은 사실 한 가지 색이 아니에요. 별은 각기 온도가 달라서 별빛도 다르지요. 온도가 높은 별은 파란빛을, 온도가 낮은 별은 붉은빛을 내요.

별은 몇 개나 될까?

우주에는 헤아릴 수 없이 많은 별이 있어요. 사람의 눈은 6등급 별까지 볼 수 있으므로 7등급부터는 망원경 같은 도구가 필요해요. 6등급 이상인 별은 대략 6000개쯤 된대요. 단, 땅 위에서 볼 수 있는 별은 그 반인 3000개 정도예요.

겨울밤에 별이 더 잘 보이는 이유는 무엇일까?

별은 하늘이 맑고 깨끗할수록 잘 보여요. 대기 중에 떠다니는 먼지나 구름, 습기가 적을수록 잘 보이죠. 특히 밤에는 찬 공기로 대기가 안정되어 별이 잘 보인답니다. 한바탕 비가 내린 뒤에는 먼지가 씻겨 내려가서 선명하게 잘 보여요.

도시에서는 별이 잘 보이지 않는 이유는 무엇일까?

대기 중에 떠 있는 먼지들과 인공적으로 만들어 낸 도시의 불빛이 복합적으로 작용을 하는데, 이를 '광공해'라고 해요.

땅에서 하늘로 퍼진 불빛은 대기 중의 먼지 입자에 부딪쳐 퍼져나가는데, 이때 하늘에 두텁고 커다란 막이 생겨요. 이 막 때문에 별이 잘 보이지 않는 거예요.

별똥별이란 무엇인가?

혜성을 비롯한 우주 먼지 파편들이 지구 대기권으로 끊임없이 쏟아져 들어오고 있어요. 이들은 대기권을 지나는 동안 기체와 마찰을 일으키며 타기 때문에 우리에게 별똥별 현상으로 보인답니다.

인공위성이 하늘에서 떨어지지 않고 지구 주위를 도는 이유는 무엇인가?

높은 곳에서 물건을 멀리 던지면 얼마 못 가 땅에 떨어져요. 그것은 중력 때문이에요. 그러나 속력이 세지면 물체는 떨어지지 않고 지구 주위를 돌게 돼요. 지구는 인공위성을 당기고 인공위성은 계속 돌려고 하기 때문에 하늘에서 떨어지지 않아요.

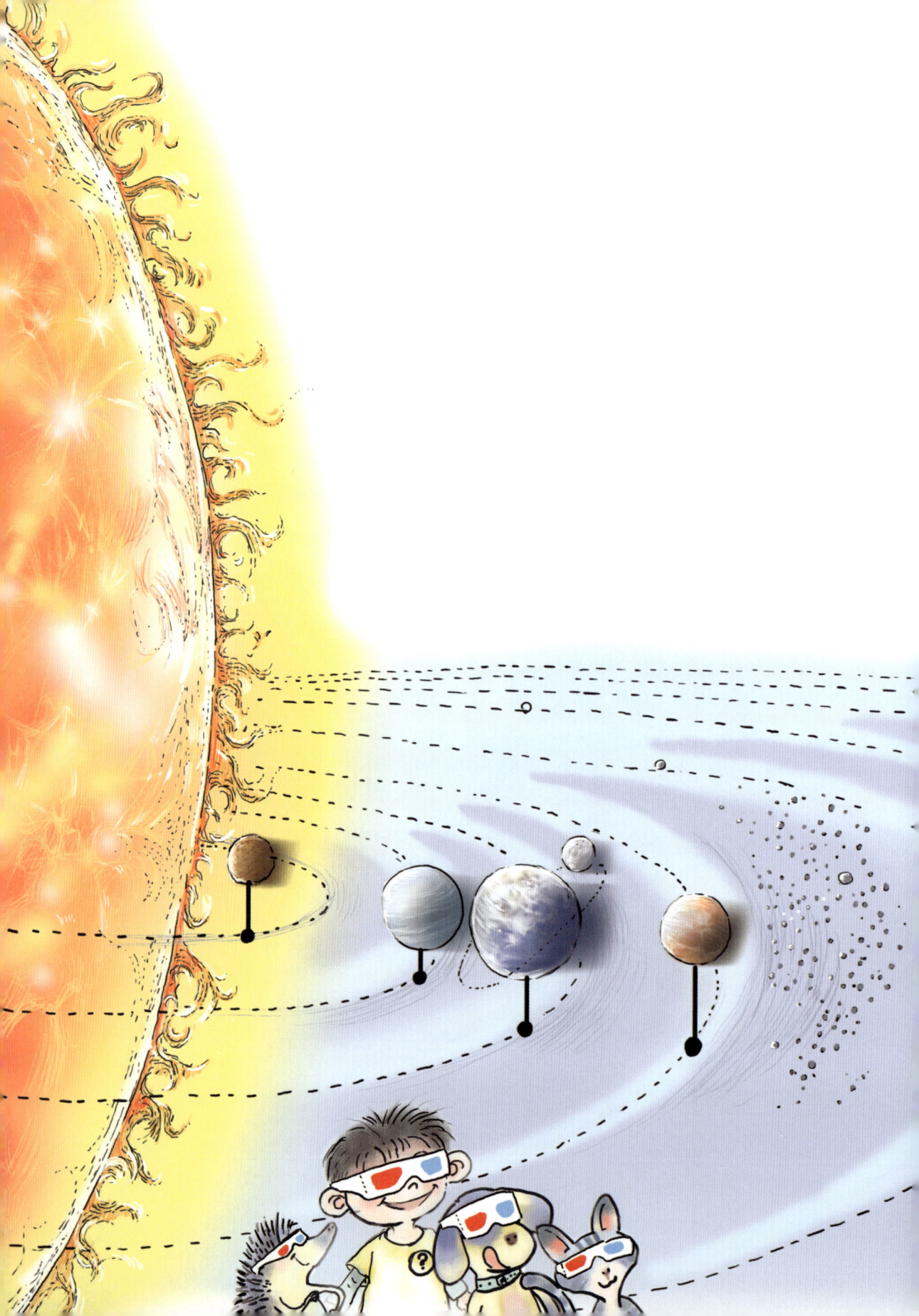

6장 태양의 가족

행성은 항성 주위를 도는, 스스로 빛을 내지 못하는 천체예요. 반면에 태양은 스스로 빛을 내는 항성이지요. 태양계에는 지구를 비롯해 수성, 금성, 화성, 목성, 토성, 천왕성, 해왕성의 여덟 행성이 있어요. 이들 행성은 지구 옆에 달이 있듯이 위성을 갖고 있기도 해요.

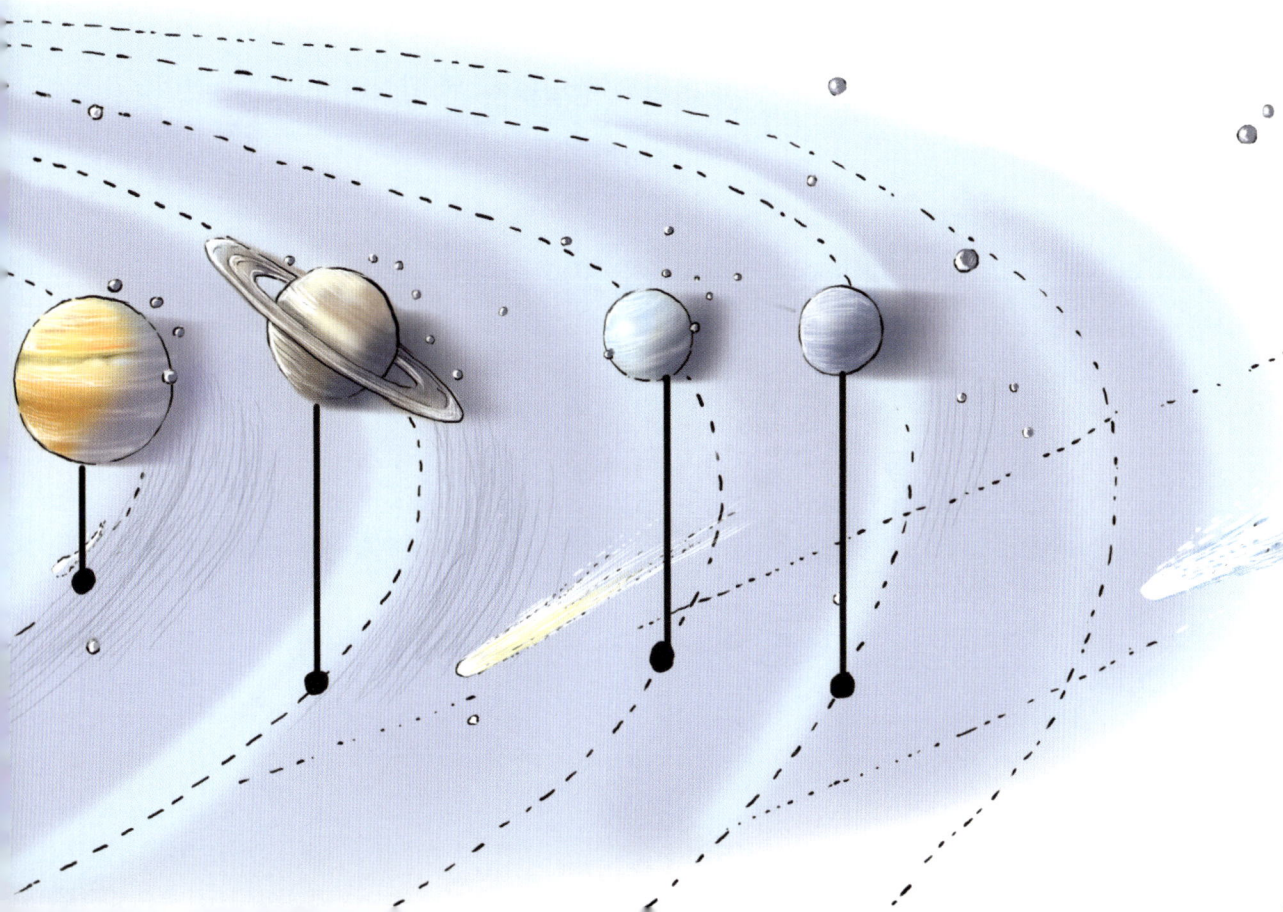

수성에서는 하루에 생일이 두 번?

수성은 태양과 가장 가까이에 있는 행성이에요. 지구는 태양을 한 바퀴 도는 데 365일이 걸리는 반면, 수성은 거리가 가까운 만큼 88일밖에 걸리지 않아요. 그렇다면 생일을 네 번 맞이할 수 있을 텐데 왜 두 번일까요?

그 이유는 수성의 하루가 지구보다 훨씬 길기 때문이에요. 아침 해가 떠오르고 다음 날 아침이 될 때까지 태양을 두 번 돌아야 한답니다(176일). 그래서 하루가 1년보다 두 배나 길고, 생일을 두 번 맞이하게 돼요.

화성에 사람이 살았다고?

SF 영화나 공상 과학 소설을 보면 화성인들에 대한 이야기가 많이 나옵니다. 그것은 지구와 가까우면서도 수성이나 금성과 달리 너무 뜨겁지 않아 생명체가 살 수 있다고 여기기 때문이지요.

그런데 화성 탐사선이 화성에 다녀온 결과, 화성에 강이 있었고 대홍수가 일어난 흔적을 발견했어요. 과학자들은 40억 년 전에는 화성이 지구와 같은 행성이었다고 보고 있어요. 안타깝게도 공기를 포함한 대기를 오래 간직하지 못해 오늘날처럼 얼어붙고 메마른 행성이 됐다고 추측하고 있어요.

113

목성과 토성은 밟고 서 있을 수가 없다고?

지구를 비롯한 수성, 금성, 화성은 표면이 단단해요. 쿵쿵 뛰고 높은 건물을 세워도 끄떡없지요. 반면 목성과 토성, 천왕성, 해왕성은 표면이 가스로 되어 있어요. 공기나 구름을 밟고 서 있을 수 없겠죠?

토성의 고리가 감추고 있는 비밀은?

토성은 아름다운 고리를 갖고 있어요. 사실 그 고리는 수없이 많은 고체 알갱이지요. 이 알갱이들은 중력으로 서로 끌어당기고 있어요. 지구의 달처럼 뭉쳐져야 했지만 토성과의 거리가 너무 가까워서 위성이 되지 못한 거래요.

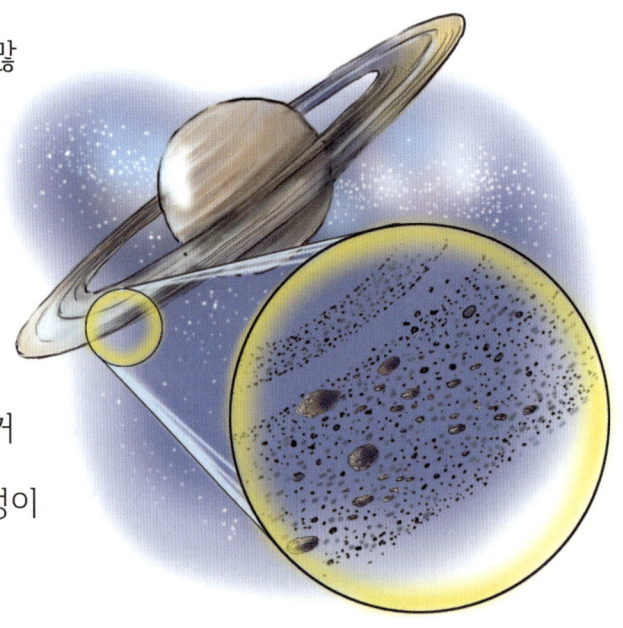

왜 혜성 하면 핼리 혜성을 떠올릴까?

아름다운 꼬리를 보여 주며 태양을 찾아가는 혜성은 일정한 주기로 우리에게 멋진 우주 쇼를 선사해요. 혜성은 얼음과 돌덩어리가 엉겨 있어요. 이것이 태양열에 녹아 기체가 되어 꼬리처럼 보이는 거예요.

새로운 것에 이름을 붙일 때는 그것을 발견한 사람의 이름을 붙이기 마련이에요. 핼리 혜성 역시 그것이 일정 기간마다 다시 돌아온다는 사실을 처음으로 밝혀낸 '핼리'의 이름을 딴 거예요.

유성우란 무엇인가?

혜성이 태양을 향해 지나가다가 꼬리를 이루었던 물질을 지구 근처에 남기고 갈 때가 있어요. 그러면 지구가 그 물질을 끌어당겨요. 혜성이 남긴 물질이 대기권을 통과하면서 불에 타게 되는데 마치 비처럼 쏟아지지요. 이것을 '유성우'라고 해요.

유성과 유성우가 다르다고?

흔히 별똥별이라 불리는 '유성'은 우주의 먼지 티끌이나 작은 천체 조각들이 지구의 대기권에 빨려 들어가 타면서 생기는 현상이에요. 반면에 유성우는 혜성 때문에 생기는 현상이지요. 이름은 비슷해도 원인은 달라요.

　유성은 대부분 불에 타 없어지지만, 어떤 것은 땅에 떨어지기도 해요. 이것을 '운석'이라고 해요.

　2013년 2월 15일, 러시아의 우랄 산맥 인근 도시에 유성우가 떨어져 1000명이 넘는 사람이 다쳤어요. 이때 떨어진 유성우는 1945년 8월 6일 미국이 일본 히로시마에 떨어뜨린 원자 폭탄의 33배가 넘는 폭발력을 보였어요.

소행성이 위험해?

우주에는 소행성들이 흩어져 있어요. 지금까지 확인된 바로는 35만 개가 넘는다고 해요. 이들 소행성은 화성과 목성 사이에 많이 모여 있어요. 어린 왕자의 소행성 B612가 진짜 있다면 화성과 목성 사이 어딘가에 있을 거예요.

어떤 것들은 우주를 떠돌아다니는데, 일부가 지구의 대기권에 떨어져 별똥별이 되지요. 하지만 커다란 소행성이 지구와 부딪친다면 지구에 엄청난 큰 피해를 가져올 수 있어요.

6500만 년 전에 공룡이 갑자기 멸종된 이유를, 소행성이 지구와 충돌해 갑작스럽게 환경이 변화된 탓으로 보는 과학자들도 있어요.

옛사람들이 본 태양은?

지금으로부터 2400여 년 전 이오니아의 철학자인 아낙사고라스는 태양은 불타는 돌덩어리이고, 달은 흙이라고 했어요.

당시에는 태양을 신으로 믿었기 때문에 아낙사고라스의 이런 생각은 신에 대한 모독으로 여겨졌어요.

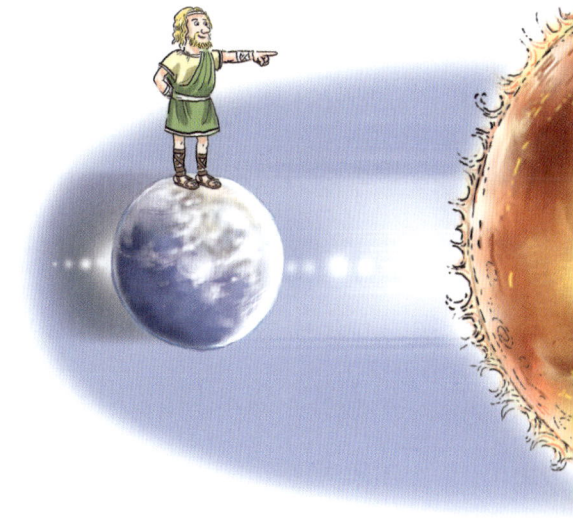

또 그는 태양이 지구 쪽으로 열과 빛을 내뿜는다고 주장했어요. 다만 거리가 멀기 때문에 뜨겁지 않다고 했어요. 이는 오늘날 밝혀진 바와 하나 다를 게 없어요.

19세기 사람들은 태양이 빛과 열을 내는 이유가 태양이 계속해서 석탄을 태우기 때문이라고 여겼어요. 당시에는 석탄을 연료로 사용했기 때문에 태양도 마찬가지라고 여긴 것이죠.

태양까지 걸어서 간다면 얼마나 걸릴까?

태양이 내뿜는 빛은 지구까지 1억 5000만 킬로미터나 되는 거리를 8분 19초 만에 날아온대요. 정말 빠르죠? 초고속 비행기도, 로켓도 따라잡을 수 없어요. 만일 태양까지 걸어서 간다면 얼마나 걸릴까요?

어른의 경우 한 시간에 4킬로미터를 걸을 수 있어요. 만일 먹지도 자지도 쉬지도 않고 매일같이 걸어간다면 4280년 하고도 8개월 정도 걸릴 거예요. 어른들보다 걸음이 느린 어린이들은 8500년쯤 걸리지 않을까요?

태양은 왜 맨눈으로 보면 안 될까?

태양은 지구에서 볼 수 있는 가장 크고 밝은 별이에요. 태양은 원자핵이 융합할 때 발생하는 막대한 에너지로 빛이 나요. 전체 에너지 가운데 지구에 도달하는 양은 225조 킬로와트예요.

이는 100만 킬로와트의 에너지를 생산하는 원자력 발전소가 2억 5500

만 개나 필요한 양이에요. 100만 킬로와트는 180만 가구가 1년 동안 쓸 수 있는 양이랍니다. 이제 맨눈으로 태양을 봐서는 안 되는 이유를 잘 알겠죠?

태양과 달의 크기가 같아 보이는 이유는?

하얀 종이에 작게 원을 그려 봐요. 그것을 달이라고 해요. 이번에는 그보다 더 크게 원을 그려 봐요. 아까 것보다 400배 더 크게 그려야 해요. 그래야 태양이라 할 수 있거든요. 태양은 그만큼 커요.

태양은 달보다 400배 멀리 떨어져 있어요. 먼 곳에 있는 것이 가까운 데 있는 것보다 작게 보이는 건 잘 알고 있죠? 400배 큰 태양이 400배 멀리 떨어져 있기 때문에 지구에서는 태양과 달의 크기가 같아 보인답니다.

태양의 흑점은 까만색이 아니다?

태양의 흑점은 말 그대로 까만색이 아니에요. 주변보다 온도가 1500도 정도 낮아서 어두워 보일 뿐이죠. 만일 흑점만 따로 떼어 놓고 보면 눈이 부셔서 제대로 쳐다보지도 못할 거예요.

7장 우주

우주는 우리가 생각하는 것보다 엄청 넓고 커요. 지구와 태양을 포함한 태양계는 우리 은하의 가장자리에 있지요. 우리 은하도 아직 잘 모르는데 또 다른 은하도 있다니, 언제쯤 다 알 수 있을까요?

우주는 왜 검게 보일까?

우주를 촬영한 사진이나 영상을 보면 우주는 캄캄한 밤 같습니다. 하늘에는 해도 달도 있는데 말이죠.

우주는 태양 같은 별들이 빛을 내기 때문에 충분히 밝을 수 있어요. 하지만 이 빛을 사방으로 퍼트리려면 공기가 있어야 해요. 우주에는 공기가 없어서 빛이 있어도 캄캄한 거예요.

우주의 나머지는 어디에 있는 걸까?

은하란 수많은 별이 모인 것을 말하고, 태양계가 속한 은하를 '우리 은하'라고 해요. 우리 은하는 가운데가 볼록한 원반 모양이자, 나선형이에요.

우주에는 우리 은하 말고도 외부 은하로 알려진 것들이 있어요. 우리 은하의 둘레를 도는 마젤란은하, 200만 광년쯤 떨어진 곳에 있는 안드로메다은하, 2500여 개의 은하로 된 처녀자리 은하단, 약 3억 광년 거리에는 머리털자리 은하단이 있어요.

하지만 관측된 은하들 간의 거리가 점점 멀어지고 있어요. 이는 우주가 점점 팽창하고 있다는 뜻이에요. 우주가 얼마나 더 커질지는 알 수 없어요.

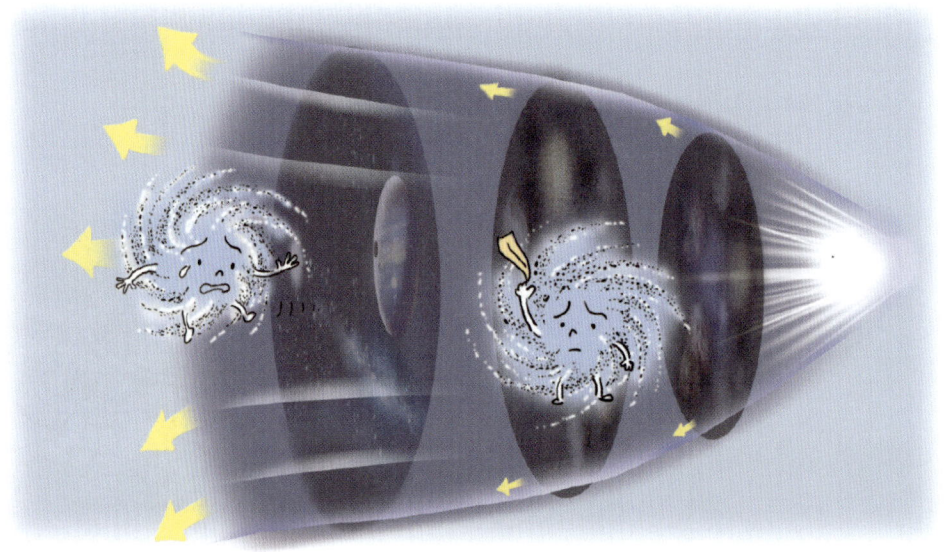

블랙홀이란?

별이 우주에서 사라지기 전에는 점점 커져서 초신성이 돼요. 그리고 엄청난 폭발을 일으키며 사라지지요. 이때 크기를 가늠할 수 없는 중력이 생겨 빛까지도 흡수하는 천체가 형성된다고 해요.

이 천체는 직접 관측할 수가 없어서 암흑의 공간, 즉 '블랙홀'이라고 해요.

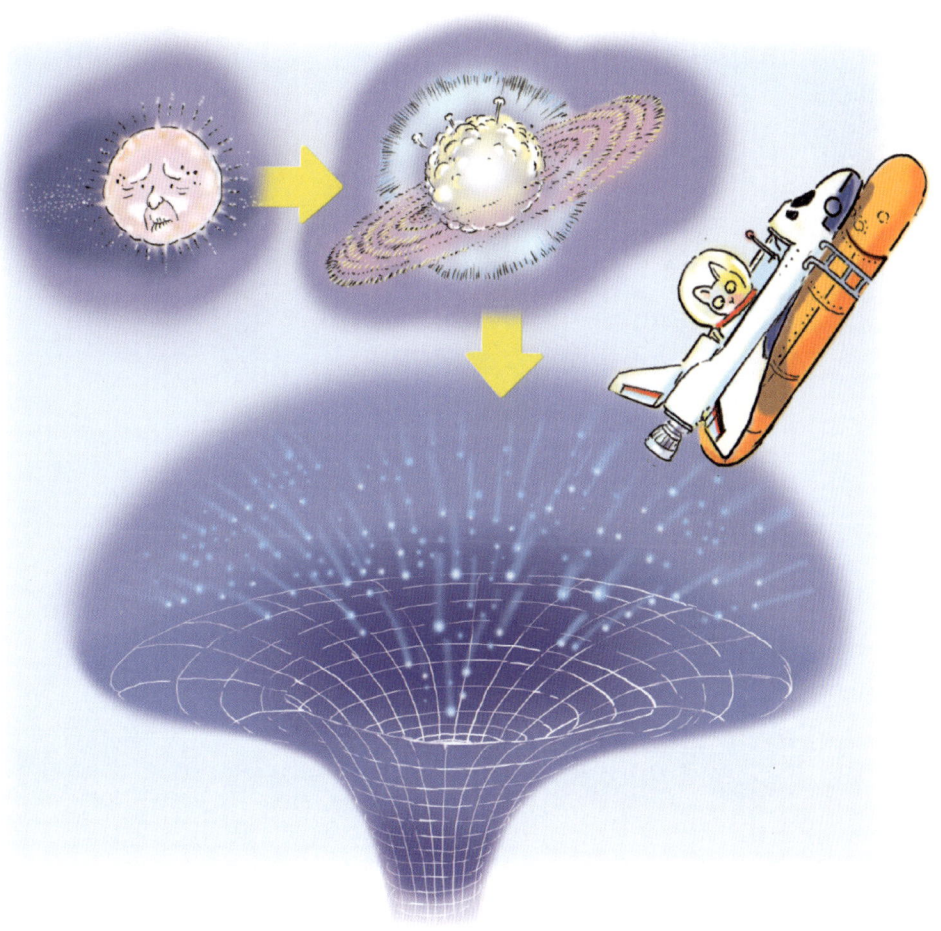

태양도 사라질까?

언뜻 보기에 태양도 별이므로 초신성이 됐다가 블랙홀이 될 수 있다고 생각돼요. 하지만 그런 일이 일어나려면 50억 년은 지나야 한대요. 그때쯤이면 태양이 금성 부근에 있는 모든 것을 다 삼키고 지구를 태워 버릴 정도로 커질 것이라고 해요.

로켓은 어떻게 우주로 가는가?

지구나 별 같은 모든 천체에는 탈출 속도가 있어요. '탈출 속도'란 천체의 중력을 이겨 내고 그곳을 떠나기 위한 속도를 말해요. 로켓은 지구의 중력을 극복하고 우주로 가기 위해 엄청난 연료를 써서 탈출 속도를 만들어 내요.

지구에서 탈출하려면 초당 11.2킬로미터로 날아가야 해요. 이 속도는 지구의 자전 속도에 따라 조금씩 달라져요. 현재 가장 빠른 제트기는 초속 1킬로미터의 속도로 날아가는데, 이보다 11배 이상 더 빨리 날아가야 하지요.

단백질이 우주에서 왔다고?

별이 태어나 자라는 과정에서 우주 먼지가 생겨요. 별이 어느 정도 커지면 별의 껍질이었던 물질이 우주 공간으로 나온답니다. 이때 엄청난 가스가 식으면서 뭉쳐져 우주 먼지가 돼요.

그런데 이 우주 먼지에서 단백질이 발견됐어요. 놀랍게도 우리 몸을 이루는 것과 똑같아요. 우주 먼지는 매일같이 지구로 들어오고 있어요. 그 양이 무려 100톤이 넘는다고 해요.

지구의 나이가 무려 46억 살이니 엄청나게 많은 우주 먼지가 지구로 들어왔을 거예요. 어쩌면 우주에서 온 물질이 쌓이고 뭉쳐져 지구에서 최초로 생명체가 만들어졌을지도 모를 일이죠.

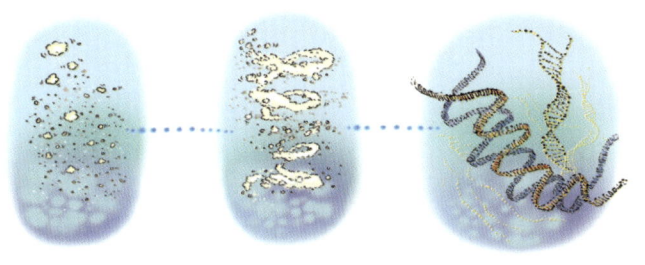

우주여행을 하면 늙지 않을까?

빛의 속도는 엄청나게 빨라요. 빛은 1초에 지구를 일곱 바퀴 반을 돌 수 있고, 지구에서 달까지 가는 데는 약 1.4초 정도밖에 되지 않아요. 그러므로 우주를 여행하게 된다면 우주선은 빛의 속도만큼 빠르게 날아야 할 거예요.

지구에서 달까지의 거리는 38만 3000킬로미터예요. 어른이 달까지 걸어간다면 11년 후에나 도착해요. 따라서 우주에서 1초 머무는 것은

지구에서 10년을 사는 것과 마찬가지라고 할 수 있어요.

뒷날 우주여행을 자유로이 하게 되어 즐겁게 우주에서 놀다 오면, 지구에는 아는 사람은 한 명도 없고 새로운 생명체만 득시글할지도 몰라요.

우주에 가면 어떤 일이 벌어질까?

우주에는 중력이 없어서 모든 것들이 둥둥 떠다녀요. 지구에서는 중력이 피를 다리 쪽으로 끌어 내리지만, 우주에서는 피가 온몸에 골고루 퍼져요. 그래서 얼굴은 부풀고 다리는 가늘어지지요.

우주에서 잠을 잘 때는 팔이 저절로 올라가서 '앞으로나란히'를 하게 돼요.

우주 공간에서는 뼈를 만드는 세포의 속도가 느려져서 뼈가 약해져요. 우주에 오랫동안 나가 있으면 골다공증에 걸리지요. 그래서 우주인들은 운동을 열심히 해요.

우주에서는 키가 커져요. 척추뼈 마디 사이사이가 벌어져서 2~5센티미터 정도 커지지요. 이 또한 중력이 없기 때문이에요. 대신 근육은 늘어나지 않아서 우주로 나간 처음 며칠간은 통증 때문에 고통스러워요. 다시 중력이 있는 지구로 돌아오면 원래대로 돌아가요.

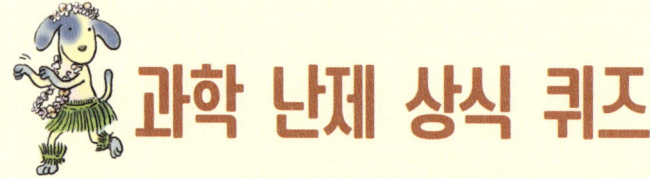
과학 난제 상식 퀴즈

1. 하늘이 파란 것도 저녁노을도 빛의 산란 때문이이에요. (○, ×)
2. 그리스의 .... 학파는 우주가 '10'이라는 완전한 수를 기본으로 한다고 했어요.
3. 영국, 네덜란드, 스페인, 포르투갈 같은 나라들이 직접 바다로 나아가 인도로 가려고 한 이유는 식초 때문이에요. (○, ×)
4. 1492년 이탈리아의 탐험가인 콜럼버스가 발견한 땅은 어느 날 갑자기 바다 속에서 솟아나 '신대륙'으로 불렸어요. (○, ×)
5. 지구가 한 바퀴 돌아 출발한 곳으로 다시 돌아오면 날짜가 하루 늦어져요. (○, ×)
6. 북극과 남극은 얼음이 덮인 진짜 대륙이에요. (○, ×)
7. 남극에도 모래로 된 땅이 있는데 그곳을 하얀 사막이라 불러요. (○, ×)
8. '한국의 지붕'이라 불리는 곳은 개마고원이에요. (○, ×)
9. 바다 밑바닥에서 지진이 일어나는 것을 .... 이라 해요.
10. 화산이 폭발하면서 마그마가 엄청나게 쏟아져 나오면 화산 꼭대기에 거대하게 움푹 파인 곳이 생긴다. 이를 .... 라고 해요.
11. 태풍은 아시아에서 일어나는 열대 폭풍이에요. (○, ×)
12. 우리가 숨을 쉬는 데 필요한 산소는 산소 원자 2개, 태양의 자외선을 차단해주는 오존은 산소 원자가 3개로 되어 있어요. (○, ×)
13. 오존이 사라지면 자외선이 지표까지 도달해 피부가 튼튼해져요. (○, ×)
14. 화석은 고생물이 살던 당시의 환경을 알게 해주고, 오늘날과 비교해 오랜 옛날 바다와 육지가 어떤 상태였는지 알려줘요. (○, ×)

15. 달에는 실제로 바다가 있어요. (○, ×)
16. 별은 각기 온도가 달라서 별빛도 다른데, 온도가 높은 별은 파란 빛을, 온도가 낮은 별은 붉은 빛을 내요. (○, ×)
17. 지구나 수성, 화성 같은 행성과 달리 태양 주위를 돌지 않고 항상 제자리에 있는 별을 _____ 이라고도 해요.
18. 인공위성이 하늘에서 떨어지지 않고 지구 주위를 도는 이유는 지구에 중력이 있어 인공위성을 잡아당기기 때문이에요. (○, ×)
19. 별은 하늘이 맑고 깨끗할수록 잘 보이는데, 특히 겨울밤에 잘 보여요. (○, ×)
20. 태양계에는 지구를 비롯해 수성, 금성, 화성, 목성, 토성, 천왕성, 해왕성의 8개 행성이 있어요. (○, ×)
21. 수성의 하루가 지구보다 훨씬 길기 때문에 아침 해가 떠오르고 다음 날 아침이 될 때까지 태양을 두 번 돌아야 해요. (○, ×)
22. 태양이 빛과 열을 내는 이유는 태양이 계속해서 석탄을 태우기 때문이에요. (○, ×)
23. 태양과 달의 크기가 같아 보이는 이유는 400배 큰 태양이 달보다 400배 멀리 떨어져 있기 때문이에요. (○, ×)
24. 우주에서는 _____ 이 없어서 모든 것이 둥둥 떠다닌다.
25. 태양 같은 별들이 있어도 우주가 캄캄한 이유는 빛을 사방으로 퍼트리는 _____ 가 없기 때문이에요.

정답
01 ○ 02 피타고라스 03 × 04 × 05 ○ 06 × 07 × 08 ○
09 쓰나미 10 칼데라 11 ○ 12 ○ 13 × 14 ○ 15 × 16 ○
17 항성 18 ○ 19 ○ 20 ○ 21 ○ 22 × 23 ○ 24 중력 25 공기

과학 난제 관련 단어 풀이

GPS : 인공위성으로 지구상에 있는 어떤 것이라도 그 위치를 정확히 알아낼 수 있는 시스템.

광년 : 천체와 천체 사이의 거리를 나타내는 단위. 1광년은 빛이 초속 30만 km의 속도로 1년 동안 나아가는 거리로 9조 4,670억 7,782만km임.

광물 : 땅과 물질 속에 섞여 있는 철, 금, 은 같은 자연 상태의 물질.

대기 : 지구를 둘러싼 모든 공기.

로라시아 : 북아메리카, 유럽, 아시아를 포함한 북반구에 있었다고 하는 가상적인 대륙. 이와 짝을 이루는 곤드와나 대륙은 남반구에 있었다고 하는 가상적인 대륙임.

마그마 : 땅속 깊은 곳에서 땅속 열로 녹아 있는 뜨거운 물질.

무 대륙 : 고대에 태평양에 있었다고 하는 전설상의 대륙. 하와이, 타히티, 괌 등을 포함하는 광대한 대륙이었다고 함.

미행성체 : 태양계가 처음으로 만들어졌을 때 가스 물질이 서로 엉겨 붙어 행성이 됐다는 알려지지 않은 작은 입자나 물체.

반감기 : 방사성 원소가 그 질량의 반으로 줄어드는 때까지 방사선을 내며 파괴되는 기간.

방사성 탄소 연대 측정법 : 탄소를 이용한 연대 측정 방법. 이를 통해 어떤 생물이 살았던 연대를 추정할 수 있음.

백악기 : 쥐라기 이후, 약 1억 4,500만 년 전부터 6,500만 년 전까지의 시대.

북극성 : 지구의 북극에 가장 가까이에서 빛나는 별.

수미산 : 불교에서 말하는 세계의 중앙에 있다는 산.

수증기 : 기체 상태로 된 물.

습지 : 물기가 많아서 항상 축축하게 젖어 있는 땅.

아틀란티스 : 그리스 전설에 나오는 섬. 찬란한 문화를 지녔으나 지진 때문에 멸망했다고 함.

온난화 : 지구의 기온이 높아지는 것.

원심력 : 물체가 빙빙 돌 때 물체의 중심에서 바깥쪽으로 향하는 힘.

위성 : 행성의 인력으로 그 둘레를 도는 천체. 지구의 위성은 달이다.

유프라테스 강 : 이라크에 있으며, 고대 문명이 일어난 강.

자기장 : 자석이 철을 잡아당기는 기운이 작용하는 범위.

적조현상 : 플랑크톤이 갑자기 많이 늘어나서 바닷물이 붉게 변하는 현상.

쥐라기 : 약 1억 8,000만 년 전부터 약 1억 3,500만 년까지 약 4,500만 년간.

지질학자 : 지구에 있는 여러 가지 암석이나 흙의 상태 또는 성질을 연구하는 사람들.

진화 : 생물이 시간이 지남에 따라 조금씩 변하면서 복잡하게 발전되어가는 것.

척도 : 무엇의 쓸모를 평가하거나 판단할 때의 기준.

천체 : 우주에 있는 모든 물체.

초신성 : 희미하던 별이 폭발 등으로 갑자기 밝아졌다가 다시 서서히 희미해지는 별보다 1만 배 이상 빛을 내는 별. 별이 마지막 진화 단계로 급격하게 폭발해 엄청나게 밝아졌다가 점차 사라진다.

칼데라 : 화산 폭발로 화산 꼭대기에 생긴 거대하게 움푹 파인 곳. 이곳에 물이 고여 생긴 호수를 칼데라 호라고 하는데, 우리나라의 천지와 백록담이 칼데라 호임.

프레온 : 냉장고 등에 쓰였으나 오존층을 파괴하는 물질로 밝혀져 지금은 생산과 사용을 마음대로 하지 못함.

항성 : 태양처럼 스스로 빛과 열을 내며 한자리에 머물면서 전혀 움직이지 않는 것처럼 보이는 별.

핵융합 : 가벼운 몇 개의 원자핵이 핵반응으로 결합해 무거운 원자핵이 되는 것.

황폐화 : 가꾸고 돌보지 않아 버려지게 되는 것.

회유 : 물고기가 알을 낳거나 먹이를 찾기 위해 계절마다 일정한 시기에 다른 곳으로 떼 지어 헤엄쳐 다니는 일.

흑점 : 태양 표면에 보이는 검은 반점. 지구의 기온이나 자기 폭풍, 오로라 활동에 영향을 미침.